Voyages gourmands
50 itinéraires de rêve autour du monde

ULYSSE

Direction éditoriale
Claude-Victor Langlois, Claude Morneau

Recherche et rédaction
**Ariane Arpin-Delorme, Marie-Eve Blanchard,
Jennifer Doré Dallas, Annie Duhamel, Annie Gilbert,
Véronique Leduc, Claude Morneau, Frédérique Sauvée,
Vincent Vichit-Vadakan**

Révision éditoriale
Louise Gaboury

Révision cartographique
Marc Rigole

Correction
Pierre Daveluy, Josée Dufour, Claire Thivierge

Conception graphique et mise en page
Pascal Biet

Conception de la couverture
Judy Tan

Photographies

Première de couverture :
Marché flottant en Thaïlande © Getty Images/Sergio Pessolano.
La Provence, France © iStockphoto.com/sara_winter.
Souper en plein air, Italie © iStockphoto.com/SolStock.
Fromages du marché, France © iStockphoto.com/akrp.
Plantations de thé, Japon © iStockphoto.com/rssfhs.
Épices, Maroc © iStockphoto.com/encrier.
Machu Picchu, Pérou © iStockphoto.com/Stockphoto24.
Café latté © iStockphoto.com/nimis69.
Au marché, Inde © iStockphoto.com/ferrantraite.

Quatrième de couverture :
Souper romantique à Bali, Indonésie © iStockphoto.com/courtneyk.

Pages intérieures : voir page 204.

Nous reconnaissons l'appui financier du gouvernement du Canada.

Nous tenons également à remercier le gouvernement du Québec – Programme de crédit d'impôt pour l'édition de livres – Gestion SODEC.

Canadä Québec

Guides de voyage Ulysse est membre de l'Association nationale des éditeurs de livres.

Catalogage avant publication de Bibliothèque et Archives nationales du Québec et Bibliothèque et Archives Canada

Vedette principale au titre :
    Voyages gourmands : 50 itinéraires de rêve autour du monde
    (Collection "Itinéraires de rêve")
    Comprend un index.
    ISBN 978-2-89464-530-7
    1. Tourisme gastronomique. 2. Gastronomie. I. Collection : Collection "Itinéraires de rêve".
TX631.V69 2017   641.01'3   C2017-940682-5

FSC
www.fsc.org

MIXTE
Papier issu de
sources responsables
FSC® C011825

Marché marocain

Océan
Pacifique

Océan
Atlantique

Les 50 itinéraires

Océan Pacifique

Océan Indien

Tortillas mexicaines

Préface

Voyager à travers le vaste monde et ses multiples saveurs... Aller à la rencontre de peuples fascinants et de leurs traditions culinaires... S'initier aux cuisines régionales dans des établissements typiques... Découvrir les aliments locaux sur les étals d'irrésistibles marchés ou directement chez les artisans du terroir... Parcourir les continents en quête des mouvements gastronomiques les plus innovants...

Les différents pays du monde et leurs régions vous réservent des expériences gustatives d'une infinie diversité. Celles-ci font partie de tous les voyages et peuvent même, pour certains passionnés, en constituer la motivation première. Et comme tout commence toujours par une inspiration, le présent livre a pour mission de vous donner cette impulsion de départ. Il vous réserve 50 idées de voyages ou d'excursions, 50 circuits fabuleux remplis de temps forts inoubliables, bref, 50 itinéraires de rêve.

Afin de réaliser cet ouvrage, nous avons mis en commun le savoir-faire de conseillers en voyage, de rédacteurs ou chroniqueurs spécialisés, et de recherchistes impliqués dans l'élaboration des guides de voyage Ulysse. Ces authentiques épicuriens voyageurs ont ainsi été mis à contribution dans la conception des itinéraires gourmands qu'il renferme. Nous vous invitons à faire leur connaissance dans une section leur étant consacrée en fin de publication.

Voyages gourmands – 50 itinéraires de rêve vise à vous inspirer en vue d'un périple prochain... ou plus lointain. Les circuits que nous vous présentons doivent ainsi être vus comme autant de propositions de base que vous pourrez remodeler à votre guise. Suivre un itinéraire en sens inverse, choisir un autre point de départ que celui indiqué, combiner deux ou plusieurs circuits en un seul voyage, allonger le temps consacré à une étape, rien de cela n'est défendu et toutes les libertés vous sont permises.

Bon voyage !

La Toscane, Italie

L'Europe
gourmande

L'Europe gourmande

San Sebastián

🍴 **Quand y aller ?**

De juin à septembre (octobre est aussi intéressant car moins occupé). Cependant, comme Bilbao et les alentours possèdent un climat océanique chaud sans saison sèche, le temps reste pluvieux presque à longueur d'année.

🍴 **8 jours**

🍴 Boucle au départ de **Bilbao**

Pour qui ?
Pourquoi ?

✗ *Pour les œnophiles et amateurs de visites culturelles et d'architecture qui souhaitent sortir des sentiers battus, rencontrer un peuple au fort tempérament et fier de sa culture, et goûter à de fort originales spécialités du terroir.*

Inoubliable...

✗ *Visiter l'incroyable musée Guggenheim, joyau architectural et emblème de Bilbao.*

✗ *Sillonner les vignobles de la vallée de La Rioja près de la ville médiévale de Laguardia, à l'architecture surprenante.*

✗ *Découvrir les fromageries, cidreries et poissonneries artisanales où les traditions perdurent depuis des générations.*

Entre mer et montagnes, au
Pays basque espagnol

*Selon **Ariane Arpin-Delorme***

Tous ceux qui y posent le pied en tombent amoureux! Le Pays basque espagnol constitue une destination de rêve pour les épicuriens à la recherche d'authenticité et d'histoire. En plus de la beauté époustouflante des paysages entre mer et montagnes, la région est reconnue pour sa gastronomie et ses vins, notamment issus de la vallée du Rioja. C'est ici, entre Bilbao et San Sebastián, que l'on retrouve la plus grande concentration de chefs étoilés *per capita*, en plus d'une forte culture culinaire traditionnelle. On dit de la cuisine basque qu'elle rend davantage hommage aux ingrédients (au lieu de focaliser sur la complexité de diverses techniques), et ce, pour le plaisir du palais du voyageur. Profitez aussi de votre séjour pour apprendre quelques mots d'euskara, l'une des deux langues officielles de la communauté autonome du Pays basque (Euskadi) avec l'espagnol, afin de faciliter vos échanges avec les habitants. Une expérience unique!

Morue *pil pil*

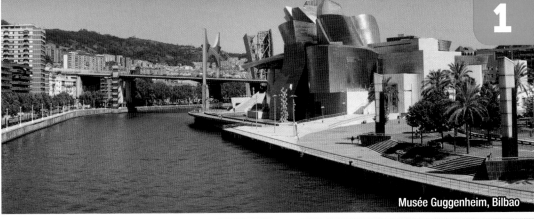

Musée Guggenheim, Bilbao

Estuaire de l'Urdaibai

La Bodega Urbana

La Bodega Urbana de Bilbao, un projet pionnier propulsé par une équipe de grands œnologues, a pour objectif de promouvoir la viticulture de façon accessible et agréable. Ainsi, sous un même toit, vous trouverez une zone de stockage et d'embouteillage du vin, de même qu'un espace pour la vente et la dégustation. La mission, quelque peu ambitieuse, est de proposer une large gamme de vins de qualité à prix plus ou moins abordable, des formations et même, pour ceux qui veulent aller encore plus loin, la possibilité de produire du vin sur mesure dans une salle d'élaboration ultramoderne. Bref, sur la toile de fond du concept se dessine le goût du pays viticole en plein cœur de la ville!

Itinéraire gourmand

Jour 1

Bilbao

Partez à la découverte de la vieille ville de Bilbao et de son impressionnante architecture de renommée mondiale (même l'aéroport Paloma a été conçu par le célèbre architecte Santiago Calatrava). Prenez le tramway jusqu'au musée Guggenheim afin de découvrir les trésors d'art contemporain qu'il abrite : un incontournable! Amorcez ce voyage gourmand en grand en vous offrant un somptueux dîner dans l'un des restaurants perchés sur la colline, avec vue sur le Palais des congrès et de la musique d'Eus-

kalduna de Bilbao. Goûtez aux croquettes traditionnelles, à la soupe de poisson *ttoro* ou aux *mollejas* (ris d'agneau). Pour les amoureux d'innovation, essayez les artichauts à la crème de joug ou la morue à la réglisse.

Jour 2

Bilbao – Urdaibai – Gernika – Bilbao 90 km

Dirigez-vous aujourd'hui vers la réserve de la biosphère d'Urdaibai, classée au patrimoine mondial de l'UNESCO, qui protège un estuaire d'une grande richesse sur le plan ornithologique. Au retour, arrêtez-vous dans la cité historique de Gernika afin de découvrir son marché, le plus important de la région de Biscaye. Profitez-en pour faire un saut à la Maison des assemblées, lieu

de réunion des habitants de Biscaye depuis le XIVe siècle. Le grand chêne situé au cœur de cet ensemble monumental constitue un symbole important de l'identité basque. C'est aussi une bonne occasion pour visiter une usine de transformation du poisson, où vous aurez le plaisir de déguster quelques produits locaux, tels la morue *pil pil* et *vizcaina* ou le homard fraîchement cuit. De retour à Bilbao, attablez-vous pour un dîner à la Bodega Urbana.

Jour 3

Bilbao – Vallée d'Ayala – Vitoria-Gasteiz – Bilbao
125 km

Départ pour la vallée d'Ayala afin d'y visiter une ferme traditionnelle de production de fromage basque. Puis, route vers

Pont suspendu Bizkaia

Puerto Viejo

Les pintxos

Les *pintxos*, version basque des tapas espagnoles, sont de véritables œuvres d'art culinaire miniatures. On les retrouve dans les bars et tavernes du Pays basque espagnol, et ils forment sans contredit l'épine dorsale de la gastronomie locale. Historiquement, les *pintxos* étaient servis sur de petites tranches de pain avec un cure-dents les fixant au milieu (le verbe espagnol *pinchar*, à l'origine de leur nom, signifie « piquer »). On les retrouve sous de nombreuses formes, qu'il s'agisse de *tortillas de patatas*, de poivrons farcis, de croquettes de poisson, de bouchées de morue au *pil-pil*, de *kokotxas de bacalao*, de bâtonnets de porc et même de foie gras grillé accompagné d'une crème de haricots blancs et une sauce fruitée. Ceux que l'on vous propose directement au comptoir des bars sont généralement froids. Les *pintxos* chauds, cuits sur place, coûtent habituellement un peu plus cher, mais sont des plus savoureux! Les Basques en mangent habituellement un ou deux, accompagnés d'un verre de *txakoli*, un vin blanc au goût acidulé, de vin rouge ou de *zurito*, un petit verre de bière, avant de passer au bar suivant. Les *pintxos* n'ont pas la prétention de remplacer un repas, mais plutôt d'être consommés comme collation ou apéritif avant le retour à la maison. On les consomme en fait de diverses façons selon les régions, mais il se trouve pratiquement toujours un quartier spécifique dans chaque ville où les bars à *pintxos* sont plus répandus.

Vitoria-Gasteiz, qui fut nommée « capitale gastronomique européenne » en 2014. Tout en parcourant la ville, faites la tournée des bars typiques à *pintxos*, où l'on vous proposera une sélection gastronomique de fromages, de charcuteries, de saucisses et saucissons, de thon préparé localement, d'anchois... Puis rentrez à Bilbao.

Jour 4

Bilbao – Getxo – Puerto Viejo – Loiu – Bilbao 50 km

Commencez votre journée par la visite du Musée maritime de Bilbao. Puis, dirigez-vous vers Getxo, où se trouve maintenant le nouveau port, en longeant le fleuve Nervión. En cours de route, vous verrez l'ancien pont suspendu Bizkaia, inscrit au patrimoine mondial de l'UNESCO. À Getxo, offrez-vous une marche sur la plage, suivie de la découverte du village de pêcheurs de Puerto Viejo. À l'heure du lunch, arrêtez-vous dans une ferme traditionnelle au cadre idyllique, l'Aspaldiko, à Loiu. Après quatre siècles d'exploitation, elle fut sauvée des ruines, restaurée et même déclarée monument culturel, représentant l'un des derniers exemples de l'architecture traditionnelle basque. Revenez à Bilbao.

Jour 5

Bilbao – La Rioja – Laguardia – Bilbao 30 km

Prenez aujourd'hui la route vers la région viticole renommée qu'est La Rioja. Alternez entre la visite de vignobles modernes et plus anciens. Découvrez les chais de barriques, sous les espaces voûtés, ainsi que les vignes elles-mêmes. Afin de bien boucler la journée, baladez-vous tranquillement à travers le village médiéval de Laguardia, où l'on croirait que le temps s'est arrêté! Rentrez enfin à Bilbao.

Jour 6

Bilbao – San Sebastián – Bilbao 200 km

Route vers la côte afin de rejoindre la magnifique ville de San Sebastián, célèbre station balnéaire. En chemin, visitez l'une des nombreuses cidreries traditionnelles des environs et profitez-en pour savourer leur menu traditionnel : omelette à la morue, morue et petits poivrons, côte de

L'Europe gourmande

La Rioja

bœuf, fromage, pâte de coing, noix, tuiles aux amandes, accompagné bien sûr d'un bon cidre. À environ 5 km du centre de San Sebastián, ne manquez pas l'Albaola Faktoria Maritime Basque, spécialisée dans la construction d'embarcations historiques. Terminez la journée par un splendide coucher de soleil sur la plage. Les panoramas sur la baie de la Concha sont légendaires! Reprenez ensuite la route pour gagner Bilbao.

Jour 7

Bilbao – Balmaseda – Viscaya – Bilbao 65 km

Faites route aujourd'hui jusqu'à Balmaseda, la plus vieille ville du Pays basque espagnol. Parcourez les rues du quartier historique et faites un saut à la fabrique-musée

de bérets basques La Encartada. Sur le chemin du retour vers Bilbao, offrez-vous un repas gastronomique au milieu des vignobles de Vizcaya dans l'un des trois restaurants les plus réputés du pays. Puis rentrez à Bilbao.

Jour 8

Bilbao – Cours de cuisine

Participez aujourd'hui à un cours de cuisine mémorable dans l'un des restaurants de la ville offrant cette sensationnelle expérience. Accompagné d'un chef, parcourez d'abord le marché local de Bilbao afin de sélectionner avec soin vos ingrédients : des légumes frais, le poisson du jour ainsi que des viandes provenant des meilleures fermes de la région. Mitonnez ensuite vos

plats sous sa supervision et dégustez-les en sa compagnie. À la fin de votre séjour, offrez-vous un dîner d'adieu dans un *txoko*, soit une confrérie gastronomique dont les membres cuisinent ensemble de façon bien conviviale. Essayez le *kokotxas* (à base de la partie inférieure du menton du merlu) ou le steak de surlonge.

L'Europe gourmande

13

Quand y aller ?
Destination réputée pour les séjours estivaux et agréable toute l'année, l'Espagne séduit particulièrement au printemps et en automne, périodes d'accalmie relative.

Plaza España, Séville

21 jours

De **Barcelone** à **Málaga**

L'Europe gourmande

Pour qui ? Pourquoi ?

✗ Le pays de Cervantes s'adresse aux voyageurs qui souhaitent découvrir des lieux empreints de traditions millénaires et de cultures impérissables, modelées au fil des siècles.

Inoubliable...

✗ Savourer l'art de vivre et le tempo espagnol.

✗ Voir l'histoire d'un autre œil dans les musées de la capitale.

✗ Partager un repas sur une terrasse ensoleillée de Cordoue.

✗ Expérimenter les nuits endiablées dans la ville de Gaudí.

✗ Tirer plaisir des charmes balnéaires de la légendaire Andalousie.

Le **trésor espagnol,** de l'architecture à l'assiette

Selon **Jennifer Doré Dallas**

Bercée par diverses cultures au fil des siècles, l'Espagne rend possible l'élaboration d'un itinéraire diversifié au départ de ses bouillonnantes métropoles jusque sur ses côtes idylliques. Sa gastronomie fourmille d'influences aussi traditionnelles que modernes et, dans la rue comme dans l'assiette, on ne peut que succomber à cette richesse de contrastes. Et sous ses charmes méditerranéens se cachent par ailleurs des joyaux architecturaux inestimables, issus de son métissage culturel historique.

Ir de tapas, *le rite gourmand ibérique par excellence*

Parfois décrite comme l'apéro espagnol, la culture des tapas est un art à la fois simple et quasi religieux! *Ir de tapas* consiste à passer d'une *taberna* à l'autre, vous délectant de bouchées variées déposées dans une assiette menue au-dessus de votre coupe d'élixir local, généralement un verre de vin de la maison. Dans certaines régions, vous recevrez gracieusement une tapa avec chaque consommation, mais la plupart du temps, on vous en proposera un assortiment payant d'autant plus gourmand.

Bouchées de tortilla

Park Güell, Barcelone

Musée du Prado, Madrid

Itinéraire gourmand

Jours 1 à 5

Barcelone

Cosmopolite, bruyante et créative, Barcelone émerveille à toute heure du jour. Faites connaissance avec l'art de Gaudí en vous attardant d'abord à son œuvre inachevée, l'indescriptible Sagrada Família. Toujours sur les traces de l'artiste qui a valu à la ville son statut de capitale du modernisme, poussez ensuite jusqu'au fabuleux Park Güell et à La Pedrera, aussi connue sous le nom de Casa Milà. Déambulez librement dans les quartiers branchés ou au fil de l'eau selon vos envies du moment.

Réjouissez-vous et prenez l'apéritif en dégustant une sangria fraîche ou préparez un pique-nique avec vos trouvailles glanées dans l'effervescent marché de la Boqueria, une introduction parfaite à la gastronomie catalane.

Jours 6 à 10

Barcelone – Madrid
625 km

Rendez-vous à Madrid, la capitale espagnole, où vous égayerez votre première journée en savourant une tortilla copieuse dans l'un de ses bistros. La tortilla espagnole est une omelette à base d'œufs et de pommes de terre, contrairement à celle que l'on prépare en Amérique latine et qui prend plutôt la forme d'une galette à base de maïs. Choisissez ensuite un musée à

explorer. Pourquoi ne pas rencontrer *Les Ménines* de Velázquez, entre autres œuvres d'art renommées, au musée du Prado, avant de longer les grandes avenues

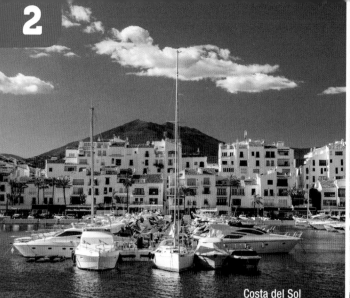
Costa del Sol

L'Alhambra, Grenade

Gaspacho

La paella, plaisir safrané à l'espagnole

Portant le nom de la gigantesque poêle dans laquelle on la prépare, la paella constitue l'une des spécialités gastronomiques espagnoles les plus réputées. D'origine valencienne et anciennement consommé le dimanche ou les jours de fête, ce plat se compose typiquement de volaille ou de lapin, de tomates, de haricots, de poivrons et, bien entendu, d'une bonne quantité d'huile d'olive et d'ail, ingrédients auxquels est ajouté du safran, attribuant au riz sa coloration orangée. Si l'adoption de ce plat aux quatre coins de l'Espagne demeure récente, on en retrouve de nombreuses déclinaisons régionales, entre autres des préparations à base de fruits de mer. Selon l'établissement, vous patienterez parfois près d'une heure avant de vous faire servir une paella fraîchement préparée, un temps d'attente que vous aurez vite fait d'oublier dès la première bouchée...

jusqu'à la Plaza Mayor? Allez faire un tour dans la cour du Palais royal ou flânez librement dans le vaste parc du Retiro avant de vous récompenser avec un riche chocolat chaud accompagné d'un *churro*.

Jours 11 et 12
Madrid – Cordoue 400 km

Pénétrez maintenant au cœur de l'Andalousie en commençant par la célèbre Cordoue, l'un des joyaux de l'architecture islamique. Au détour d'une ruelle où vous aurez dégusté une tapa froide de *salmorejo* (le gazpacho andalou), remarquez les cours intérieures, que l'on nomme patios, débordantes de verdure grâce au climat idyllique. La Mezquita, temple romain transformé en église, puis en mosquée et enfin en cathédrale, démontre bien la cohabitation des religions et des cultures dans le Sud espagnol. Classée au patrimoine mondial de l'UNESCO, elle constitue, avec l'Alcazar et le musée de la tauromachie, les principaux attraits de Cordoue. Cette mixité se retrouve également dans le *pastel cordobés*, ce gâteau cordouan d'inspiration arabe auquel résister s'avère impossible!

Cordoue

Jours 13 à 15

Cordoue – Séville 145 km

Vous goûterez à Séville à certains des plus savoureux délices de la gastronomie ibérique. Malgré les variations régionales dans l'art culinaire espagnol, un élément reste commun : l'huile d'olive, dont le pays est sans surprise le premier producteur mondial. Profitez de votre séjour pour découvrir la monumentale Plaza España, la cathédrale gothique et sa célèbre Giralda, le quartier juif de Santa Cruz et l'emblématique Alcazar de Séville. Si vous êtes de passage en avril, ne ratez pas la Feria de Abril, où musique, gourmandises et prestations diverses s'emparent de la ville!

Jours 16 à 18

Séville – Grenade 250 km

Faites aujourd'hui route jusqu'à Grenade. Au soleil couchant, rejoignez l'Albayzín, un secteur incontournable de la ville, pour jouir d'un panorama imprenable sur la reine de la localité, l'Alhambra, un palais fabuleux, témoin d'un riche passé islamique. Les tapas régionales, accompagnées d'une bière nommée en l'honneur de l'Alhambra, ajouteront une touche gourmande à l'expérience. Le lendemain, explorez les mille et un recoins de l'Alhambra, comme l'Alcazaba, les palais nasrides, le palais de Charles Quint et le Generalife, tout en retrouvant un peu d'ombre dans les jardins de roses chargés de légendes d'une époque lointaine.

Jours 19 à 21

Grenade – Málaga 125 km

Longez la Sierra Nevada vers la Méditerranée et vous atteindrez bientôt Málaga, destination balnéaire et dernier arrêt de votre périple espagnol. Pour contrer la chaleur parfois intense dans cette région, offrez-vous un gaspacho, cette soupe froide qui charme les papilles! Laissez les intérieurs labyrinthiques, hautes tours, fontaines apaisantes et jardins verdoyants de l'Alcazaba se révéler à vous, témoignant de l'art nasride et invitant à la rêverie. Lieu de naissance de l'illustre Pablo Picasso, la ville ne pourrait être visitée sans faire un saut au musée lui étant consacré. Concluez votre séjour en Espagne en jouissant des plages innombrables de la mythique Costa del Sol.

L'Europe gourmande

La Garonne à Bordeaux

♟ **5 jours**

♟ Boucle au départ de **Bordeaux**

Pour qui? Pourquoi?

✗ *Pour les œnophiles néophytes ou experts et les gourmets qui désirent découvrir une région de la France différemment, en se laissant guider par des cours d'eau mythiques. Les mordus d'histoire y trouveront aussi leur compte.*

Inoubliable...

✗ *S'attabler dans les bars à vin pour goûter à des crus produits dans la région.*

✗ *Savourer des raisins de table frais, cueillis directement dans les vignes.*

✗ *Profiter d'un pique-nique au cœur d'un vignoble.*

L'Europe gourmande

Le **vignoble bordelais** au fil de l'eau

Selon **Véronique Leduc**

Sur l'eau, le temps semble s'arrêter. C'est encore plus vrai quand les paysages qui entourent le voyageur sont composés de châteaux et de vignobles à perte de vue. Dans le Bordelais, sur la rivière Dordogne et le fleuve Garonne, ainsi que sur l'estuaire de la Gironde, plusieurs sociétés proposent de courtes croisières fluviales œnologiques incluant des excursions dans des vignobles réputés mondialement. De préférence, choisissez une croisière axée sur la gastronomie! Pour plus d'indépendance, il est possible de louer une embarcation pour quelques jours, et ce, même sans permis. Quelques conseils de navigation, et c'est parti!

Cabanes de pêcheurs, estuaire de la Gironde

La Cité du Vin, Bordeaux

Château Pichon Longueville Baron, Pauillac

Itinéraire gourmand

Jour 1

Bordeaux

Bordeaux plaît au premier coup d'œil. Pour l'apprivoiser, longez tranquillement la promenade en bordure de la Garonne, envahie par les familles, les joggeurs et les musiciens. Prenez le temps de flâner dans la ville; découvrez ses parcs, observez ses vieilles rues en pierre, ses portes médiévales, son grand théâtre et ses églises de style baroque. Pour vous mettre dans l'ambiance, visitez La Cité du Vin, un vaste espace moderne dédié au vin. Découvrez-y les expositions relatant l'histoire de cet alcool, visitez le belvédère qui offre une vue magnifique sur Bordeaux ou participez à un atelier de dégustation. En fin de journée, installez-vous sur la terrasse d'un bar à vin (ce n'est pas le choix qui manque!), commandez un verre de vin bordelais (bien sûr!) et quelques bouchées, puis observez les passants afin de vous imprégner de l'atmosphère de la ville.

Jour 2

Bordeaux – Pauillac

Entre Bordeaux et Pauillac, vous emprunterez la Garonne puis la Gironde. À partir des ponts de votre embarcation, observez les villes croisées au fil de l'eau et les petites cabanes de pêcheurs perchées sur pilotis. Arrivé à Pauillac, vous êtes dans la région du Médoc, que certains décrivent comme « un océan de vignes ». Explorez l'un des nombreux vignobles du coin et arrêtez-vous dans les propriétés de luxe appelées « châteaux » pour désigner l'activité viticole qui y a lieu. Certaines de ces propriétés datent de plusieurs siècles et

19

Château de Roquetaillade

Lamproie à la bordelaise

Le cannelé : une pâtisserie inspirée du vin

Le cannelé, cette petite pâtisserie d'origine bordelaise semblable à une couronne, est intimement lié au vin. En effet, à Bordeaux, on utilise encore aujourd'hui une technique ancienne appelé « collage » qui consiste à ajouter des blancs d'œufs dans les barriques afin qu'ils attirent les sédiments du vin vers le fond du contenant. C'est parce qu'elles voulaient utiliser les jaunes d'œufs autrement gaspillés que des religieuses ont créé les cannelés en les mélangeant avec du rhum, du sucre et de la vanille, qui arrivaient à l'époque en grande quantité depuis les Antilles au port de Bordeaux. Aujourd'hui, alors qu'on trouve le spongieux petit gâteau à grand prix chez tous les bons pâtissiers, il est difficile d'imaginer qu'au départ le cannelé avait été créé pour les gens peu fortunés.

sont à couper le souffle. La plupart des domaines proposent des visites guidées : découvrez les particularités des vins de la région et le processus de fabrication, visitez les salles de cuves et dégustez les produits sur place.

Jour 3
Pauillac – Saint-Émilion

Saint-Émilion, une commune où la vigne est cultivée depuis le Ier siècle, est le lieu de production de vins rouges parmi les plus réputés au monde. Dans la jolie vieille ville entourée de vignobles, empruntez les rues, ruelles et escaliers étroits ponctués de commerces où vous pourrez acheter de bonnes bouteilles. Au cœur de Saint-Émilion, visitez l'église souterraine la plus vaste d'Europe, creusée à même la

Saint-Émilion

roche. Ensuite, arrêtez-vous dans un des châteaux familiaux et traditionnels des environs.

apprendre plus sur sa production particulière, choisissez un château qui en propose.

Jour 4
Saint-Émilion – Cadillac

En bordure de la Garonne, visitez la petite ville de Cadillac afin d'admirer l'église datant de 1490, les traces des anciens remparts et le château de Cadillac, édifié en 1599. Puis, prenez la route du sud et arrêtez-vous à Mazères, au château médiéval de Roquetaillade, construit en 1306. Encore ici, lorsque vient le temps de s'arrêter dans un domaine viticole, le choix ne manque pas. La région est connue pour le sauternes, un vin blanc liquoreux, produit à partir d'une pourriture du raisin que l'on dit « noble ». Pour en

Jour 5
Cadillac – Bordeaux

De retour à Bordeaux, découvrez les spécialités de la région que vous n'avez pas encore goûtées. Le Bordelais est réputé pour son riche patrimoine culinaire. Faites un arrêt dans une crêperie, commandez la fameuse lamproie à la bordelaise, concoctée avec un type d'anguille qu'on trouve dans la Dordogne, demandez l'agneau de lait de Pauillac, les asperges de Blaye ou les cèpes de Gironde, ou encore dégustez un cannelé sucré. Le tout accompagné, bien sûr, d'un dernier verre de vin!

Le vignoble bordelais

Le vignoble bordelais, reconnu mondialement, couvre une vaste superficie de 1 120 km², riche de plus de 7 000 vignerons. De cet important territoire viticole, vieux de 2 000 ans, proviennent une soixantaine d'appellations. La région bordelaise produit en majorité du vin rouge, et en plus petites quantités, du rosé, du blanc sec et du blanc doux.

 L'Europe gourmande

🍴 **Quand y aller ?**
Si la féerie des marchés de Noël vous interpelle, alors choisissez décembre pour visiter ce coin de pays. Durant l'été, vous pourrez profiter de la chaleur et du soleil, qui se font un peu plus rares au cours des autres périodes de l'année.

🍴 **9 jours**

🍴 De **Rouen** à **Lille**

Honfleur

L'Europe gourmande

Pour qui ?
Pourquoi ?

✗ *Pour les voyageurs inspirés par l'histoire, ainsi que par l'air et les paysages marins.*

Inoubliable...

✗ *Manger un plateau de fruits de mer devant un coucher de soleil dieppois.*

✗ *S'arrêter devant la cressonnière et les moulins de Veules-les-Roses.*

✗ *Voyager dans le temps devant l'architecture rouennaise.*

La **Normandie** et le **nord de la France,** une histoire de gourmandises

*Selon **Annie Duhamel***

Chaque région de la France possède ses propres particularités gastronomiques et ses points d'intérêt. Le nord du pays ne fait pas exception à la règle. Riche en histoire et en patrimoine, mais également généreux de ses paysages et ses panoramas, le nord de la France est une destination de prédilection. Les gens du Nord, particulièrement accueillants, sont de bons vivants qui aiment partager leur vécu et leurs traditions. D'ailleurs, dans les villages, la nourriture et les spécialités culinaires sont souvent au centre des conversations. Dans le nord de la France, on mange divinement bien !

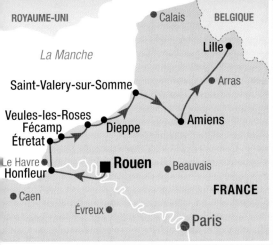

Rouen

Crevettes grises

Livarot

Fromages

On le sait, la France est reconnue pour ses nombreux fromages, et la Normandie et ses régions voisines ne font pas exception. On retrouve, dans ce coin de pays, de très nombreuses fermes laitières. Le neufchâtel, en forme de cœur, le camembert, crémeux et coulant, le pont-l'évêque, à base de lait cru, le livarot, à la croûte orangée, et le maroilles définissent la culture culinaire et fromagère de ces régions.

Itinéraire gourmand

Jour 1

Rouen

Découvrez aujourd'hui les dédales médiévaux de Rouen. Vous pourrez vous arrêter à La Couronne, la plus vieille auberge de France (1345). Profitez-en pour faire quelques emplettes sur la rue du Gros Horloge, qui vous mènera vers l'imposante cathédrale Notre-Dame de Rouen. Manger sur la place de la Pucelle, ainsi nommée en l'honneur de l'héroïne historique Jeanne d'Arc, et rapportez dans vos bagages des larmes de Jeanne, ces confiseries chocolatées rouennaises qui la rappellent. Profitez aussi de votre passage dans la ville pour goûter au canard à la rouennaise.

Jour 2

Rouen – Honfleur 95 km

À partir de Rouen, vous pourrez remonter la Seine jusqu'à Honfleur. Le Vieux Bassin, port historique de la ville, ainsi que l'église Sainte-Catherine, construite en partie en bois dans le style normand, valent assurément la visite. Il en est de même du musée Eugène Boudin, peintre impressionniste originaire de Honfleur. Pour bien terminer la journée, arrêtez-vous à une terrasse en bordure du Vieux Port, à proximité des nombreuses galeries d'art, pour manger de la « petite grise », une petite crevette pêchée dans l'estuaire de la Seine, qui fait l'objet d'une fête chaque année. Honfleur met par ailleurs en avant ses produits de la mer et du terroir à travers ses marchés, notamment le marché traditionnel du samedi matin, le marché bio le mercredi et le marché aux poissons les jeudis et dimanches.

Jour 3

Honfleur – Étretat – Fécamp 60 km

Traversez ce matin le pont de Normandie, qui enjambe la Seine, et dirigez-vous vers Étretat. Vous pourrez y admirer d'imposantes falaises avec leurs rochers percés. L'ascension des falaises, pour avoir une vue imprenable sur la ville et son bord de mer, en vaut la chandelle. En après-midi, reprenez la route côtière vers Fécamp pour aller y visiter le palais Bénédictine, qui abrite

Welch

Lille

Le calvados

L'eau-de-vie d'origine normande qu'est le calvados, élaborée à partir de pommes, possède un goût bien distinct. Elle est de plus au cœur de la tradition du célèbre trou normand : on prend une lampée de cet alcool fort à mi-chemin dans le repas pour se dégager le gosier et « se faire de la place » pour la suite du festin. De nombreux fermiers normands produisent eux-mêmes leur calvados avec les pommes de leur verger. Sachez toutefois que le calvados de ferme est généralement beaucoup plus fort que le calvados artisanal, lequel est plus ambré et dont le goût est plus délicat.

Cressonnière, Veules-les-Roses

L'Europe gourmande

notamment la distillerie où est produite la liqueur du même nom, à base de 27 épices orientales et de plantes locales. Pour le repas du soir, profitez de votre visite dans cette ville pour vous offrir une salade de hareng fumé ou des moules.

Jour 4

Fécamp – Veules-les-Roses – Dieppe 65 km

Rendez-vous aujourd'hui à Veules-les-Roses, ce village reconnu comme l'un des plus beaux de France, dont le fleuve, la Veules, est le plus petit du pays. Prenez le temps de longer ce cours d'eau et arrêtez-vous à la cressonnière pour y acheter du cresson, la spécialité locale. Ensuite, descendez vers les moulins à eau et les maisons normandes toutes fleuries. Votre balade à travers ce magnifique village vous mènera devant le front de mer où vous pourrez déguster une crème glacée, ou encore vous procurer des huîtres fraîches, autre spécialité locale. Poursuivez vers Dieppe et faites halte en soirée sur les hauteurs de Pourville, d'où la vue sur le coucher de soleil est spectaculaire en direction du Cap d'Ailly.

Jours 5 et 6

Dieppe

Si vous vous retrouvez à Dieppe un samedi, ne manquez pas de visiter son grand marché hebdomadaire, où saucissons secs, terrines de cresson, produits locaux et légumes frais sont à l'honneur. Arrêtez-vous aussi à la place du Puits-Salé pour prendre un bon café. En après-midi, longez le bord de la mer et admirez l'immensité de cette plage de galets qui est marquée par le premier débarquement des Canadiens, le 19 août 1942. Ce sera l'occasion de commander des frites dans l'une des nombreuses cabines de plage. Au coucher du soleil, montez jusqu'au château de Dieppe pour une vue panoramique sur la ville et la plage.

Le lendemain, au petit matin, allez aux « barrières », sur les quais, pour vous procurer du poisson ou des fruits de mer fraîchement pêchés : saint-pierre, barbue, coquilles Saint-Jacques... Longez ensuite les quais pour observer les bateaux qui sont amarrés au port principal. En après-midi, montez la falaise pour visiter la chapelle des marins Notre-Dame de Bonsecours. Prenez également le temps

Falaises d'Étretat

de voir le cimetière militaire canadien de Dieppe. Et la meilleure façon de clore votre séjour à Dieppe sera de déguster un délicieux plateau de fruits de mer devant le coucher de soleil.

Jour 7
Dieppe – Saint-Valery-sur-Somme 60 km

À Saint-Valery-sur-Somme, prenez le petit train touristique qui longe la baie de Somme et qui mène au petit port de pêche du Crotoy. N'hésitez pas à vous procurer des crevettes grises et de la salicorne (plante des bords de mer) pour manger local. En après-midi, baladez-vous dans la vieille ville et profitez de la marée basse pour aller voir en bateau les colonies de phoques qui se laissent choir sur les bancs de sable.

Jour 8
Saint-Valery-sur-Somme – Amiens 70 km

À Amiens, commencez par visiter l'imposante cathédrale gothique Notre-Dame. Profitez des nombreux restaurants et terrasses pour déjeuner au bord de la Somme. En après-midi, parcourez les Hortillonnages; vous serez pris en charge, en petits groupes, pour une visite en barque de ces marais et jardins flottants. Terminez la journée par un repas dans l'un des nombreux restaurants de la ville, où vous vous offrirez une flamiche, sorte de tarte, ou une ficelle picarde, une crêpe farcie de jambon, de champignons et de crème fraîche, deux spécialités locales.

Jour 9
Amiens – Lille 120 km

Rendez-vous aujourd'hui à Lille, une ville animée et accueillante dont vous explorerez les quartiers anciens et apprécierez les charmes. La visite de l'hôtel de ville et de son beffroi vaut le détour. Le midi, arrêtez-vous dans un estaminet, un de ces restaurants typiques de la région, où l'on vous fera déguster les spécialités ch'tis telles que le welch (à base de fromage fondu), le potjevleesch (quatre viandes différentes cuites au four), la carbonade flamande (cubes de bœuf mijotés à la bière) et la tarte au sucre. Et pour l'apéro, rien de mieux que de savourer une bière artisanale locale et quelques bons fromages au goût fort et authentique comme le maroilles, le Vieux-Lille et la boulette d'Avesnes.

L'Europe gourmande

25

L'Europe gourmande

Lyon

🍴 **7 jours**

🍴 De **Lyon** à **Marseille**

....

Pour qui ?
Pourquoi ?

✕ *Pour ceux qui apprécient les grandes villes, leurs musées et leur animation, et qui sont aussi amateurs de vins fins et de gastronomie française.*

....

Inoubliable…

✕ *Errer dans les dédales des traboules qui parcourent le quartier du Vieux Lyon.*

✕ *Savourer la cuisine généreuse et l'ambiance chaleureuse des bouchons lyonnais.*

✕ *Goûter à un châteauneuf-du-pape exquis directement chez son producteur.*

✕ *S'offrir un pastis à une terrasse du Vieux-Port de Marseille.*

Des bouchons de **Lyon** aux cafés de **Marseille**

*Selon **Marie-Eve Blanchard** et **Sarah Meublat***

Véritable capitale gastronomique, Lyon invite ses visiteurs à découvrir ses riches traditions culinaires et sa longue histoire au cours d'un séjour placé sous le signe de la douceur de vivre. Puis, après une exploration au fil du Rhône, cet itinéraire vous conduira jusqu'à une autre ville mythique de France, Marseille, réelle mosaïque de couleurs, d'influences et de senteurs, à la fois unique et multiple. Unique par son caractère bien trempé et l'accent chantant de ses résidents, multiple par ses nombreux brassages de cultures, qui ont chacune laissé leur trace, ce qui fait de la plus ancienne ville de France un millefeuille d'histoires.

Châteauneuf-du-Pape

Tablier de sapeur

Calissons d'Aix

Bugnes au rhum

Les bouchons lyonnais

L'origine étymologique du nom « bouchon » prête à plusieurs interprétations. Celle qui ressort toutefois et semble logique est que c'était le terme utilisé au XIXᵉ siècle pour désigner un petit fagot de paille ou un rameau de pin. On l'accrochait en guise d'enseigne à la porte des restaurants pour signaler qu'on y servait du vin. L'enseigne aurait disparu et, par métonymie, le nom bouchon serait resté. C'est aussi le cas de l'ambiance conviviale, de l'accueil chaleureux, sans prétention, et du décor chargé de nappes à carreaux rouges et blancs des bouchons. On y sert toujours des plats typiques, simples et du terroir : quenelles, cochonnailles, gâteaux de foie de volaille, tabliers de sapeur ne sont que quelques exemples de ces savoureuses spécialités. On arrose évidemment le tout de l'indispensable pot lyonnais, une bouteille de 46 cl de beaujolais ou de côtes-du-rhône!

Itinéraire gourmand

Jour 1

Lyon : la Vieille ville

Explorez d'abord le Vieux Lyon et ses traboules, ces étroits passages piétonniers qui communiquent d'une rue à l'autre. De la place Bellecour, rendez-vous sur la colline de Fourvière, qui domine la ville, pour y visiter la basilique Notre-Dame de Fourvière, surmontée d'une monumentale Vierge dorée. Imprégnez-vous de l'ambiance de ces institutions lyonnaises que sont les bouchons, où l'on déguste une cuisine savoureuse composée essentiellement de cochonnailles. Les amateurs d'aventures gustatives seront par exemple ravis de découvrir le tablier de sapeur, une spécialité régionale à base de tripes.

Jour 2

Lyon : la Presqu'île et ses environs

Après la visite du musée des Beaux-Arts, installé dans le Palais Saint-Pierre, promenez-vous dans les rues du centre-ville. Tout au sud de la Presqu'île, le musée des Confluences mélange les genres, entre sciences naturelles, art contemporain et histoire des civilisations. Traversez le Rhône pour rejoindre le parc de la Tête d'Or, à la fois jardin botanique et parc zoologique. Avec des noms tels que Bocuse ou Christian Têtedoie, qui perpétuent la tradition culinaire de la ville, Lyon s'apprécie dans ses grandes tables. Choisissez-en une pour savourez quelques-unes des spécialités locales, telles que le gratin dauphinois, les andouillettes à la lyonnaise, la cervelle de canut, un mets fromagé servi dans un bol, et les bugnes au rhum, de succulents petits beignets sucrés.

Jour 3

Lyon – Châteauneuf-du-Pape – Avignon
235 km

Partez aujourd'hui explorer la vallée du Rhône. Faites halte à Châteauneuf-du-Pape, dont la région est reconnue mondia-

La bouillabaisse

« *Quand ça bouille, tu baisses* »…, le feu de cuisson, bien entendu! C'est de cette vieille expression provençale que proviendrait le nom de ce délicieux ragoût de poisson typique du Midi. À l'origine, la bouillabaisse était le plat des pêcheurs qui se concoctaient une soupe avec les poissons qu'ils ne pouvaient vendre. Ce simple mets familial s'est mué avec les années en une spécialité de luxe puisque les poissons sont aujourd'hui choisis avec soin. Servie avec d'un côté le poisson et de l'autre le bouillon, la bouillabaisse est agrémentée de rouille, préparée à base de poivrons rouges écrasés, d'ail, d'huile d'olive, de mie de pain et d'un peu de bouillon de soupe ou d'aïoli (mayonnaise à l'ail), et accompagnée de petits croûtons frottés d'ail.

Soupe au pistou

Avignon

lement pour produire l'un des plus grands crus français. Le village est sillonné par un dédale de rues qui recèlent les vestiges d'anciens remparts. Profitez de l'occasion pour visiter le musée du Vin, qui décrit les appellations contrôlées de la vallée du Rhône, les outils et les méthodes des vignerons. Poursuivez ensuite votre route jusqu'à Avignon.

Jour 4

Avignon – Aix-en-Provence – Marseille 120 km

Après avoir jeté un coup d'œil aux monuments incontournables d'Avignon que sont l'imposant Palais des Papes et son célèbre pont, un ouvrage d'art du XIIe siècle officiellement connu sous le nom de pont

Saint-Bénezet, rendez-vous à Aix-en-Provence, une magnifique ville étudiante aux rues bordées d'arbres, aux élégantes résidences historiques et aux placettes garnies de quelque 100 fontaines. Artère principale et cœur battant de la ville, le cours Mirabeau séduit par son architecture élégante. Profitez de votre passage pour goûter aux calissons d'Aix, cette délicieuse friandise à base d'amandes douces, de melons et d'oranges de Provence confites dans leur sirop. Poursuivez ensuite votre route jusqu'à Marseille.

Jour 5

Marseille : le Vieux-Port et le Panier

Le Vieux-Port de Marseille demeure le centre symbolique de la ville, animé à

toute heure. On y va tôt le matin pour acheter son poisson bien frais directement des pêcheurs, avant d'aller boire un café à l'une de ses nombreuses terrasses ou de flâner en admirant les bateaux. Faites ensuite halte à la Maison du Pastis, qui propose pas moins de 75 variétés de cette boisson emblématique alcoolisée à l'anis, puis visitez le Musée des civilisations de l'Europe et de la Méditerranée (MuCEM), dont le bâtiment est une merveille en soi. Pour le déjeuner, goûtez à la soupe au pistou, un mélange de basilic, d'ail et d'huile d'olive, qu'on sert avec plein de légumes et exclusivement en été, ou encore à l'aïoli qui, d'une simple mayonnaise à l'ail, est devenu un plat provençal traditionnel comprenant divers légumes, de la morue dessalée et la fameuse sauce à l'ail. Visitez ensuite la cathédrale de la

Vieux-Port de Marseille

Major, si vaste qu'on la compare à la basilique Saint-Pierre de Rome, avant de vous enfoncer dans les ruelles du Panier, l'un des plus vieux quartiers de France. Pour le dîner, offrez-vous une bouillabaisse typique, ou une ratatouille, un savoureux mélange de courgettes, d'aubergines et de tomates rehaussées d'herbes de Provence, d'ail, d'oignons et d'huile d'olive.

Jour 6

Marseille : la Canebière et le quartier Longchamp

Déambulez aujourd'hui sur la Canebière, la plus célèbre artère de la ville. Découvrez ensuite le quartier Longchamp et son élégant palais, un monument magistral, avec fontaine, cascades et arc de triomphe. L'aile gauche abrite le musée des Beaux-Arts et la droite, le muséum d'Histoire Naturelle. Lors de vos repas, goûtez à la tapenade, une purée d'olives aux anchois et aux câpres qu'on tartine à l'apéritif sur des tranches de pain grillées ou des croûtons, ou aux tellines, de petits coquillages délicats que ramassent les pêcheurs de Camargue en raclant les fonds sablonneux du Grand Rhône.

Jour 7

Marseille : la rive sud du Vieux-Port

Explorez aujourd'hui la rive sud du Vieux-Port. En route vers le Palais du Pharo et ses paisibles jardins qui font face à la mer, arrêtez-vous un instant au Four des Navettes, une institution marseillaise où l'on vient chercher des biscuits en forme de barque parfumés à la fleur d'oranger appelés navettes de Marseille. Grimpez ensuite jusqu'à la basilique Notre-Dame de la Garde, qui veille sur la ville comme une « Bonne Mère » depuis 1864 et en est devenue le symbole. Ne manquez pas l'occasion d'essayer quelques autres spécialités culinaires locales, telles que les artichauts à la barigoule, de petits légumes violets coupés ras et mijotés avec du lard haché, de l'ail écrasé, quelques tomates de jardin et des herbes aromatiques de Provence, et la pompe à l'huile, un dessert à base de farine, d'huile d'olive, de sucre et de fleur d'oranger.

L'Europe gourmande

♟ **Quand y aller ?**
Si les mois d'été sont parfaits pour visiter la Corse, il vaut mieux éviter juillet et août alors que l'affluence touristique est à son apogée. Les mois de juin et septembre demeurent donc les plus indiqués pour visiter l'île de Beauté, alors que le soleil et la chaleur seront au rendez-vous!

Bonifacio

L'Europe gourmande

♟ **8 jours**

♟ De **Porto-Vecchio** à **Porto**

Pour qui ?
Pourquoi ?

✗ *Pour les gourmands amateurs de plages paradisiaques et de spectaculaires paysages montagneux…*

Inoubliable…

✗ *Faire de la randonnée dans le col de Bavella.*

✗ *Visiter des vignobles et goûter aux généreux vins corses.*

✗ *Se baigner dans des criques isolées d'un bleu azur.*

La **Corse**
entre circuits
et cochonnailles

Selon **Annie Duhamel**

La France est synonyme de bon vin et de bonne bouffe! Ce pays est une destination qui interpelle les plus grands gourmands, et avec raison. Mais imaginez jouir de cette même gastronomie tout en profitant de plages que viennent caresser des eaux bleu azur, de décors montagneux, de nombreux vignobles et de soleil! C'est exactement ce que vous procurera la Corse, cette île de la Méditerranée rattachée à la France. Vous y découvrirez des paysages à couper le souffle et des produits du terroir qui vous combleront.

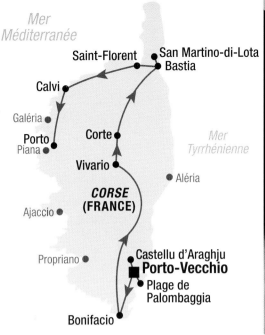

Col de Bavella

Les fromages corses

Le brocciu est à la Corse ce que le parmesan est à l'Italie! Ce fromage très frais, d'appellation d'origine contrôlée, est à base de lait de brebis ou de chèvre. Les Corses l'utilisent pour farcir des pâtes, ou encore dans les salades ou à l'apéro.

Le Fleur du Maquis, aussi appelé Brin d'Amour, est un fromage de brebis à pâte molle recouvert d'herbes du maquis (ou herbes aromatiques). Et pour les amateurs de fromages à pâte dure, vous aurez le choix entre des tommes corses de brebis ou de chèvre. Ces fromages sont goûteux, secs et se laissent apprécier avec un bon verre de Patrimonio, un vin local.

Itinéraire gourmand

Jours 1 et 2

Porto-Vecchio – Castellu d'Araghju – Plage de Palombaggia Porto-Vecchio 40 km

Il vous sera possible d'accéder à Porto-Vecchio par le traversier en partance de Marseille ou de Nice. Profitez de votre arrivée pour marcher jusqu'au site méga-lithique du Castellu d'Araghju, après quoi vous pourrez vous rafraîchir à la plage de Palombaggia. Le lendemain, traversez l'Alta Rocca pour vous rendre au col de Bavella, d'où vous pourrez faire une randonnée dans des paysages à couper le souffle. Après l'effort, le réconfort : vous pourrez vous récompenser en vous arrêtant à la terrasse de l'Auberge du Col de Bavella pour déguster une Pietra (bière locale) et manger authentique, entre ragoût de cochon, polenta et courgettes farcies.

Jour 3

Porto-Vecchio – Bonifacio 30 km

Dans la haute ville de Bonifacio, profitez d'une vue magnifique sur le goulet de Bonifacio et le port de plaisance. Ensuite, visitez le cimetière marin, l'église Saint-François, sans oublier l'escalier du Roi d'Aragon, taillé à même la falaise. À l'heure du midi, on vous servira dans la plupart des restaurants de délicieuses aubergines à la bonifacienne, une spécialité locale – les aubergines sont farcies de brocciu ou de tomme corse, d'herbes du maquis et de sauce tomate. Descendez ensuite jusqu'au port de plaisance pour prendre le bateau menant à l'archipel des Lavezzi. Ce tour de bateau vous permettra de voir Bonifacio sous un autre angle, en plus d'observer des villas de luxe et des îlots de granit entourés d'une eau turquoise et translucide. Et pourquoi ne pas terminer la journée sur une terrasse donnant sur le port de plaisance! Ce sera l'occasion de goûter à une savoureuse soupe de poisson de roche (avec oignon, ail, tomates et safran); avant de manger, on y trempe des tranches de baguette qu'on a au préalable badigeonnées de « rouille » et saupoudrées de fromage râpé.

 L'Europe gourmande

Vignoble et moutons

Pont du Vecchio

Brocciu

L'Europe gourmande

Les cochonnailles

Il n'est pas rare, sur l'île de Beauté, de voir des comptoirs ou des boutiques où saucissons et jambons sont suspendus au plafond. Les figatelli sont probablement la spécialité corse la plus réputée. Il s'agit d'une saucisse de foie de porc qui se mange fraîche ou, comme le font les Corses, grillée et étendue sur un morceau de pain.

On retrouve en Corse de nombreux saucissons à base de sanglier ou de porc. Le lonzu ou la coppa accompagneront divinement vos apéros ou pique-niques. Tout comme le prisuttu, un jambon cru et fumé. La terrine de sanglier à la myrte ne manquera pas de se retrouver également à votre table.

marche spectaculaire dans la nature, entre eaux cristallines et montagnes enneigées. C'est d'ailleurs à ce même endroit que vous trouverez les bergeries de Grotelle, où des artisans fabriquent sur place le brocciu, célèbre fromage frais et local.

Jour 5

Corte – Bastia – San Martino-di-Lota – Bastia 90 km

Rendez-vous aujourd'hui à Bastia, pour une visite de son vieux port et un coup d'œil sur ses édifices de style génois. Dirigez-vous ensuite vers le village de San Martino-di-Lota, où vous vous attablerez dans un restaurant panoramique. Vous pourrez manger « typique et raffiné », entre cochon de lait confit, ravioles de brocciu et charcu-

Jour 4

Bonifacio – Vivario – Corte 190 km

Prenez aujourd'hui la route de Corte. Tout juste après Vivario, faites halte au pont du Vecchio, conçu par Gustave Eiffel. Une fois rendu à destination, dans la capi-

tale historique au cœur de la Corse, vous pourrez monter jusqu'au belvédère pour avoir une vue sur cette ville montagneuse. Déambulez dans les rues en pente et arrêtez-vous pour un bon café. Plus tard, reprenez la voiture pour remonter les gorges de la Restonica et longer la rivière. Au bout du trajet, vous pourrez vous arrêter pour une

Calanques de Piana

teries locales, tout en appréciant la vue sur l'île d'Elbe, où s'exila Napoléon.

Jour 6

Bastia – Saint-Florent 30 km

En voiture, montez jusqu'au col de Teghime pour vous diriger vers Saint-Florent. Juste avant d'arriver au col, entre deux courbes, vous pourrez vous arrêter dans une fromagerie artisanale où vieillissent lentement des tommes corses. Une fois la dégustation terminée, redescendez vers Poggio-d'Oletta pour faire la tournée des vignobles de l'appellation d'origine « Patrimonio ». Vous pourrez ainsi partir à la chasse aux trésors viticoles. Amoureux de vin, il vous faudra goûter le très rare muscat sec de Corse. C'est un vin frais, original et tout à fait délicieux. Une fois rendu à Saint-Florent, visitez le port de plaisance, un des plus beaux de Corse, et profitez-en pour faire quelques achats. N'hésitez pas à faire halte à l'une des nombreuses terrasses pour prendre un bain de soleil accompagné d'une bonne bière blanche locale, la Colomba.

Jour 7

Saint-Florent – Calvi

Pour vous rendre à Calvi, traversez le désert des Agriates. Ce sera l'endroit idéal pour un pique-nique en chemin : prévoyez des cochonnailles, des fromages locaux et un petit vin de pays! Une fois arrivé à Calvi, profitez-en pour visiter la citadelle qui surplombe le port et pour aller faire un peu de farniente sur l'une des nombreuses plages des environs, entre Arinella et Alga.

Jour 8

Calvi – Porto 75 km

Dirigez-vous aujourd'hui vers Porto par la route côtière, très sinueuse et appréciée des cyclistes. Attention aux virages! Il s'agit d'une station balnéaire magnifique où vous pourrez manger une crème glacée en admirant la tour génoise. Prenez part à une excursion en bateau pour découvrir les calanques de Piana, ou encore la réserve naturelle de Scandola, inscrite au patrimoine mondial de l'UNESCO. Vous aurez droit à des vues magnifiques sur des sculptures naturelles qui évoquent des personnages ou des animaux, et en levant les yeux vers les pics rocheux, vous pourrez apercevoir un balbuzard pêcheur, emblème de Scandola.

 L'Europe gourmande

🧑‍🍳 **Quand y aller ?**

La meilleure période pour visiter la Toscane va du mois d'avril au mois d'octobre, mais pour éviter la horde de touristes estivale tout en profitant d'une belle température et de la saison des vendanges, septembre et octobre sont à privilégier.

Piazza del Campo, Sienne

🧑‍🍳 **9 jours**

🧑‍🍳 Boucle au départ de **Florence**

**Pour qui ?
Pourquoi ?**

✗ *Pour les amateurs de bons vins qui apprécient une cuisine simple, reflet de l'histoire d'une région. Les mordus de photos s'y amuseront assurément !*

Inoubliable...

✗ *Boire un vin blanc frais, comme un Vernaccia di San Gimignano, sur la terrasse d'un vignoble.*

✗ *S'attabler au restaurant d'un village médiéval et commander des spécialités locales.*

✗ *Rouler en scooter au milieu de champs de vignes et d'oliviers.*

La **Toscane**, au rythme des saveurs italiennes

*Selon **Véronique Leduc***

Les paysages de la Toscane ont été souvent immortalisés en peintures et en photos. Ce n'est pas étonnant : la région italienne est certainement l'une des plus belles au monde. En prime, sous ses hauts cyprès et au détour de ses routes en boucles se trouvent des vignobles, des marchés typiques et des restaurants familiaux, autant de façons de goûter la cuisine toscane, réputée pour sa fraîcheur et sa simplicité.

Le rythme des repas

Dans les villages, c'est l'heure des repas qui rythme les journées des Italiens. Le matin, on prend un petit déjeuner léger et un café de qualité. On travaille l'avant-midi et on ferme boutique à 13 h afin de profiter d'une pause pour le lunch en famille ou entre amis. Le repas est souvent arrosé de vin et suivi d'une sieste. À 16 h, les boutiques reprennent vie avant de fermer vers 20 h. Vient le moment de l'apéro, puis du dîner, où l'on posera sur la table des assiettes à partager : antipasti, pâtes et grillades, accompagnées de vin maison. Suivent les délices que constituent *gelato*, tiramisu ou panna cotta.

Gelati

Fiori de zucca

Piazza della Signoria, Florence

Itinéraire gourmand

Jour 1

Florence

Commencez la visite par l'emblème de la ville : le Ponte Vecchio, un pont du XIVᵉ siècle encore animé de multiples joailleries. Tout près, rendez-vous à la Piazza della Signoria, cœur de Florence. Trouvez une *gelataria* et savourez les parfums choisis en observant les passants. Après tout, la crème glacée italienne est la plus réputée au monde! Pour la première soirée, privilégiez un repas léger. Vers 19h, plusieurs bars, offrent gratuitement un petit buffet de bouchées simples, comme les *baccelli*

e pecorino (fèves et morceaux de fromage) avec l'apéro (choisissez un Aperol Spritz, très populaire dans la région).

Jour 2

Florence

Tôt en matinée, prenez un café italien, à boire d'un trait au coin d'un comptoir. Puis, découvrez le Duomo et montez les 463 marches de son campanile pour profiter d'une vue remarquable. Le midi, rendez-vous au marché San Lorenzo pour y observer les appétissants étals des marchands. Commandez un sandwich aux tripes, un classique de la région. En après-midi, réservez une visite guidée à la Galerie de l'Académie, où se trouve l'original du David de Michel-Ange, ou à la Galerie des Offices, pour admirer des centaines

de toiles italiennes, dont les Botticelli. En soirée, choisissez une trattoria familiale et commandez les classiques à partager : croquettes d'aubergine, *crostinis*, bruschettas, prosciutto et melon, fromages, *fiori de zucca* (fleurs de zucchini), charcuteries...

L'Europe gourmande

La Toscane en scooter

San Gimignano

Ribollita

Caciotta

Une cuisine simple

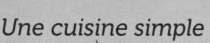

En Italie, chaque région propose ses spécialités, qui varient beaucoup du nord au sud, influencées par la latitude, le climat, la proximité de la montagne ou de la mer ainsi que par l'histoire. On dit souvent de la cuisine toscane qu'elle est la plus simple de toutes les cuisines régionales italiennes. Cela serait lié à un passé marqué par la misère, où il fallait se servir des céréales, des légumineuses, des légumes et du pain rassis pour créer des plats nourrissants et bourratifs. Aujourd'hui, la situation économique n'est plus la même, mais les Toscans restent attachés à leurs traditions culinaires et continuent de servir, même dans les restaurants les plus chics, la *ribollita*, une soupe de haricots et légumes racines servie sur du pain rassis, ou la *panzanella*, une salade à laquelle on ajoute du pain sec trempé dans de l'eau et du vinaigre. Même chose pour la *pappa al pomodoro*, une soupe de tomates mûres mélangées à du pain rassis, qu'on sert froide ou chaude.

Jour 3

Florence – San Gimignano 60 km

Entourée de murailles, la pittoresque petite commune de San Gimignano est surtout connue pour ses hautes tours, érigées jadis pour montrer la richesse et le pouvoir. Des 72 maisons-tours de l'époque, 14 sont encore debout. Après la visite, trouvez une terrasse, commandez un verre de Brunello di Montalcino ou de Chianti et une salade *caprese* faite de tomates fraîches, de mozzarella et de basilic arrosés d'huile d'olive, et profitez de la vue sur les oliveraies.

Jour 4

San Gimignano – Sienne 50 km

Déambulez dans les rues étroites de Sienne avant de vous rendre à la Piazza del Campo, centre de la ville. De là, grimpez au haut de la Torre del Mangia pour profiter d'une vue superbe sur la campagne environnante. Poursuivez ensuite votre découverte de la ville en ne manquant pas de vous arrêter dans les petits commerces proposant des meules de fromages (pecorino, *caciotta* et de nombreux autres), des saucissons, des vins et des huiles d'olive de haute qualité, afin de faire quelques achats pour le repas du soir.

Jour 5

Sienne – Montepulciano – Montalcino 105 km

Aujourd'hui, visitez Montepulciano et Montalcino, situées à 45 minutes l'une de l'autre. Dans les deux cas, les vues sont

Cortone

superbes et les terrasses, nombreuses. Surtout, ces deux communes sont réputées pour leurs nombreuses caves à vin qui proposent des dégustations et où l'on peut faire l'achat de bonnes bouteilles.

Jour 6
Montalcino – Cortone
70 km

Riche d'histoire, Cortone est certainement l'une des plus belles communes de Toscane. Au sommet d'une colline de 500 m, elle offre une vue magnifique. Ses places principales sont agréables et les restaurants ne manquent pas. Visitez les commerces et profitez des dégustations d'huiles d'olive afin de vous initier aux différents modes de production.

Jour 7
Visite de vignobles

Profitez de la journée pour découvrir certains des nombreux vignobles de la région qui permettent de se familiariser avec les Chianti, Brunello di Montalcino ou Nobile di Montalcino, entre autres. Plusieurs proposent des visites des installations ainsi que des dégustations. Certains tiennent même des restaurants qui mettent de l'avant les produits locaux ou offrent l'hébergement en plein cœur des vignes. À partir des villes, des agences organisent des journées en voiture ou à vélo incluant la tournée de plusieurs vignobles. Sinon, la Toscane dispose d'une quinzaine de circuits préétablis qui permettent de parcourir les plus belles routes des vins.

Jour 8
La Toscane en scooter

Profitez de la dernière journée pour louer un scooter et vous arrêter aux endroits que vous n'avez pas encore vus. La Toscane regorge de châteaux médiévaux et de minuscules villages où il est agréable de s'attarder. Dans la province d'Arezzo par exemple, le Castello dei Conti Guidi, construit au XIIIe siècle dans le beau village de Poppi, ou encore les ruines du Castello di Romena, installées sur une colline offrant une vue majestueuse, valent le détour. Dans un des charmants villages de la région ou dans la plus grande ville d'Arezzo, prenez un dernier verre de vin sur une terrasse ou un ultime *gelato* avant le retour éventuel vers Florence.

 L'Europe gourmande

L'Italie du Nord resplendit en toute saison et gagne en popularité pendant la période estivale. L'automne voit les hordes estivales de touristes s'amenuiser, alors que les champs débordent de récoltes savoureuses prêtes à être dévorées.

Milan

🍴 **7 jours**

🍴 De **Bologne** à **Milan**

Pour qui ?
Pourquoi ?

✗ *Pour faire le plein des classiques gourmands septentrionaux qui rivalisent avec les saveurs modernes de ces localités italiennes réputées.*

Inoubliable…

✗ *Goûter au rythme trépidant de la vie à la milanaise.*

✗ *Rencontrer les grands maîtres de l'art fromager italien.*

✗ *S'imprégner d'histoire sous les arcades de Bologne.*

✗ *Croquer à pleines dents dans le jambon de Parme à l'aperitivo.*

L'Italie du Nord,
abondance et *dolce vita!*

Selon **Jennifer Doré Dallas**

L a gastronomie italienne, tout comme les charmes du Nord, ne requiert certes plus d'introduction. Le terroir fertile de ces vallons gourmands présente aux visiteurs des produits frais qui passent de la terre à la table dans le respect des traditions culinaires d'autrefois. En Lombardie et en Émilie-Romagne se marient un patrimoine historique de réputation internationale, des visites culturelles résolument cosmopolites et des rencontres mémorables au cœur de cités ancestrales prospères et faciles d'approche.

Tours de Bologne

Vinaigre de Modène

Meules de *parmigiano reggiano*

Le secret du fromage italien

Déguster de réconfortants plats italiens sans les agrémenter de *parmigiano reggiano* ou de *grana padano* serait un sacrilège dans le Nord. Depuis 1996, ces fromages traditionnels se sont vu attribuer le statut d'appellation d'origine protégée (AOP), garantissant la qualité de ces produits phares que les maîtres fromagers des vallées septentrionales d'Italie concoctent selon les règles de l'art. Passez quelques heures entre les gigantesques meules lovées sur les étalages des centres d'affinage, où l'on vous dévoilera quelques secrets de leur fabrication ancestrale. Vous pourrez par la suite goûter gloutonnement à ces aliments savoureux!

Itinéraire gourmand

Jours 1 et 2

Bologne

Considérée comme l'une des villes italiennes gourmandes par excellence, Bologne constitue un excellent point de départ pour l'exploration du nord du pays. Partez sur les traces de Dante et de Copernic en visitant l'établissement universitaire le plus ancien d'Europe (1088), au cœur d'une bouillonnante cité estudiantine. Choisissez votre repas du midi à l'ancestral marché Quadrilatero ou à la boutique Tamburini, renommée pour les spécialités de la région qui ornent ses étals. Depuis le sommet d'une des tours médiévales voisines offrant une vue imprenable sur les toits ocre et la fameuse Piazza Maggiore, vous comprendrez rapidement pourquoi Bologne porte le surnom de « ville rouge ». Terminez la soirée dans une *osteria* enfouie sous une arcade, où même le vin de table des plus abordables ravira vos papilles.

Jour 3

Bologne – Modène 45 km

Les institutions muséales inspirées des créateurs automobiles Lamborghini, Ducati, Maserati et Ferrari, situées entre Bologne et Modène, feront le bonheur des amateurs de véhicules rutilants.

L'Europe gourmande

LIECHTENSTEIN · AUTRICHE · SUISSE

Turin · Milan · Bergame · Vérone · Venise · Gênes · Parme · Modène · Bologne · Nice · Mer Ligure · Pise · Florence · SAINT-MARIN · Sienne · Mer Adriatique · **ITALIE**

Bergame

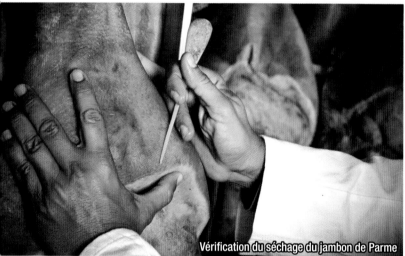

Vérification du séchage du jambon de Parme

Risotto giallo alla milanese

L'Europe gourmande

Les gourmands connaîtront surtout Modène grâce à son vinaigre balsamique d'appellation contrôlée qui réserve de nombreuses surprises, vieilli dans des greniers centenaires débordants d'élixirs sirupeux, dont plusieurs peuvent être visités.

Jour 4

Modène – Parme 65 km

Première agglomération italienne nommée ville créative de la gastronomie par l'UNESCO en 2015, Parme multiplie les occasions de passer de la terre à la table avec des produits du terroir incomparables qui franchissent depuis longtemps les frontières de l'Émilie-Romagne. Après un tour de son centre historique, mettez le cap sur la vallée du Langhirano où les producteurs de *prosciutto crudo di Parma* (le célèbre jambon de Parme) vous accueillent pour une dégustation. Parmi les combinaisons classiques que vous pourrez savourer : *prosciutto e melone* (jambon et cantaloup) ou encore *prosciutto e fichi* (jambon et figues).

Jour 5

Parme – Bergame 170 km

À Bergame, empruntez d'abord le funiculaire menant aux fortifications du Castello di San Vigilio pour un panorama splendide sur la cité lombarde en contrebas. À partir de la Piazza Vecchia, centre névralgique de Bergame depuis des siècles, arpentez longuement les ruelles tranquilles en vous laissant tenter par les innombrables vitrines débordant de bonne chère. Entrez dans la basilique Santa Maria Maggiore pour constater l'état remarquable des marqueteries, fresques et porches datant du XIIe au XVIIe siècles. Puisqu'un voyage en Italie sans quelques *gelati* s'avère impensable, prenez un moment de répit bien mérité à La Marianna, lieu de naissance de la *stracciatella*, la crème glacée au *fior di latte* à laquelle on ajoute du chocolat qui durcit en pépites.

Jours 6 et 7

Bergame – Milan 60 km

Tout près des Alpes, Milan, la seconde ville du pays, n'attire pas que les fervents de mode et de design, bien qu'elle jouisse d'une notoriété internationale à

Piazza Maggiore, Bologne

cet égard. Ses vastes artères animées où l'art de rue est partout présent méritent qu'on y déambule longuement. Ne manquez pas de monter au sommet de la cathédrale de la Nativité-de-la-Sainte-Vierge, sur la Piazza del Duomo, pour en apprécier toute la splendeur. À l'heure du repas, le *risotto giallo alla milanese*, bien crémeux et parfumé de safran, s'impose en incontournable, tout comme le rituel de l'*aperitivo*, particulièrement couru dans le quartier des Navigli le soir venu. Pour du lèche-vitrine à la milanaise, les boutiques de prestige la Galleria Vittorio Emanuele II s'imposent. On y sert aussi d'excellents cafés. Tout près de là se trouve le célèbre opéra La Scala, qui figure parmi les sorties indispensables d'Europe.

Le rituel de l'aperitivo *milanais*

Ne cherchez pas les Milanais entre 19 h et 21 h. Il y a fort à parier qu'ils se sont posés sur une terrasse ou le long des canaux des Navigli. Pour prendre part à ce rituel social qui fait figure d'institution, commandez aussi un Spritz (Prosecco, Aperol et soda) ou un Negroni (gin, Vermouth et Campari), et dégustez doucement les bouchées (bruschetta, canapés, fromage, pizza même) qui l'accompagnent. Le rituel de l'*aperitivo* est bien ancré dans la culture populaire de l'Italie du Nord. Les Lombards profitent de ce moment pour discuter longuement entre amis ou collègues, en s'ouvrant l'appétit avec quelques spécialités, comme la *bruschetta* ou la *focaccia*, offertes gracieusement. Chaque établissement propose un menu différent, de la simple salade de pâtes aux généreux buffets dans lesquels on trouvera charcuteries, fruits frais, fromages, mais aussi pâtes, pizzas et autres spécialités chaudes ou froides. Avec l'évolution et la modernisation de l'*aperitivo*, on y trouve même des versions inspirées des cuisines indienne ou japonaise!

L'Europe gourmande

9

🍴 Quand y aller ?

La saison touristique s'étend de la mi-juin à la mi-septembre. Toutefois, les mois d'avril et mai ainsi que septembre et octobre sont les meilleures périodes pour découvrir l'île. Attention aux températures assez étouffantes pendant le mois d'août.

Syracuse

🍴 **6 jours**

🍴 De **Taormina** à **Marsala**

Pour qui ? Pourquoi ?

✗ *Pour les œnophiles et les amoureux de bonne cuisine, ainsi que pour les amateurs d'histoire et de culture aux influences diverses : de la Grèce antique aux pays du Maghreb. Pour rencontrer un peuple fier, au fort tempérament, et des plus attachants.*

Inoubliable...

✗ *Découvrir la richesse des vins siciliens, directement chez les divers producteurs.*

✗ *Se balader au milieu de la Valle Dei Templi en soirée sous les lumières dorées se reflétant sur les temples.*

✗ *Effectuer l'ascension du mont Etna au lever du soleil.*

✗ *Explorer le vieux quartier de Syracuse, sur l'île d'Ortigia.*

La **Sicile**, entre vignobles, passé gréco-romain et influences arabes

*Selon **Ariane Arpin-Delorme***

La Sicile... terre de passions, d'odeurs, de couleurs et de célébrations. Caractérisée par le respect de traditions encore bien ancrées et une forte identité territoriale, la Sicile propose à la fois des côtes à faire rêver et une campagne splendide. La Sicile, c'est aussi le bon vin et la plus grande concentration de vignobles de toute l'Italie, avec une tradition culinaire teintée d'influences espagnoles, grecques et arabes. Découvrez l'art de vivre à la sicilienne tout au long de cet itinéraire, à travers l'histoire et la culture de cette île ensoleillée.

Caves Florio, Marsala

Le volcan Etna

Les arancini

Les *arancini*, une spécialité toute sicilienne, sont de petites boules de riz frites auxquelles vous aurez du mal à résister. De couleur orangée, à laquelle elles doivent leur nom (la couleur orange se dit *arancione* en italien), elles sont traditionnellement préparées avec des restes de risotto et sont fourrées à la viande, aux légumes ou au fromage. En Sicile, il s'agit du plat *street food* par excellence! Cette spécialité est l'une des plus savoureuses et des plus typiques de la gastronomie de l'île et constitue une sorte de synthèse des différentes influences historiques dans la région : arabe pour le riz et le safran, française pour le *ragù*, espagnole pour les tomates et grecque pour le fromage.

Itinéraire gourmand

Jour 1
Taormina – Etna – Milo – Catania 80 km

Entamez cet itinéraire à Taormina, qui offre une magnifique vue panoramique sur la mer et le volcan Etna, et où il faut voir son théâtre gréco-romain, l'ancienne cathédrale ainsi que le palais Corvaja. Vous pourrez aussi y faire le plein de produits du terroir. Dirigez-vous ensuite vers le mont Etna et faites halte à la station de Piano Provenzana, dans le village de Linguaglossa, entouré d'une grande forêt de pins à 1 800 m d'altitude. L'endroit a des airs de paysage alpin, avec en plus de merveilleuses vues sur la mer Ionienne. Un peu plus au sud, la société Agricola Gambino exploite un exemple remarquable de vignoble d'altitude. Rendez-vous ensuite à Milo afin de faire une tournée de dégustation de produits du terroir, ainsi que de vins rouges et blancs issus des sols viticoles supérieurs de l'Etna au domaine Barone di Villagrande. Poursuivez jusqu'à Catania, où vous sillonnerez le quartier historique et vous initierez à la cuisine locale dans l'un de ses petits bars.

Jour 2
Catania – Syracuse – Noto – Ragusa 160 km

Aujourd'hui, visite de la charmante ville de Syracuse, au riche passé gréco-romain. Arpentez le parc archéologique de Neapolis, où vous pourrez admirer le théâtre grec, l'amphithéâtre romain et les latomies de Syracuse (anciennes carrières de pierre ayant plus tard servi de prisons), puis découvrez la latomie du Paradis, cette grotte fascinante surnommée l'Oreille de Dionysos. Explorez aussi l'île d'Ortigia, pour y voir le centre historique de Syracuse, avec sa magnifique cathédrale et sa fameuse fontaine d'Aréthuse. Faites ensuite halte à l'Azienda Agricola Pupillo, sur la Contrada Targia, pour une pause lunch et dégustation. Fondée en 1908 par le baron Antonino Pupillo, la maison est aujourd'hui célèbre pour sa production de vin blanc « Solacium » et de vin rouge. En après-midi, faites halte à Noto, berceau du baroque sicilien parsemé de nombreuses églises et nobles palais, avant de vous rendre à Ragusa.

L'Europe gourmande

9

43

Temple de la Concorde, Valle dei Templi

Couscous de poisson

Cassata

L'Europe gourmande

Jour 3

Ragusa – Acate – Agrigento 140km

Explorez ce matin la ville de Ragusa, un joyau de la période baroque sicilienne, ainsi que le château de Donnafugata, situé à une vingtaine de kilomètres à l'ouest de la ville. Ne manquez pas de faire ensuite un saut à Acate, afin d'y déguster les vins du vignoble Valle dell'Acate, où est élaboré un fameux Cerasuolo di Vittoria D.O.C.G. Prenez ensuite la direction d'Agrigento pour vous régaler d'un *gelato* sicilien – proposé en centaines de parfums –, et ce, avant le repas, comme le font les Italiens en vacances. C'est d'ailleurs en Sicile que la production moderne des glaces a été

inventée au XVIIᵉ siècle (la *granita*, ou le granité en français, est un mets typique de la Sicile).

Jour 4

Agrigento – Valle dei Templi

Visite aujourd'hui de la Cantine Settesoli, vignoble notamment réputé pour son excellent Nero d'Avola. Une exploration de la Valle dei Templi (Vallée des Temples) s'impose ensuite tout naturellement. Les ruines de ses monuments de la Grèce antique, dont le fabuleux temple de la Concorde, s'y dévoileront sous vos yeux dans un décor inoubliable.

Jour 5

Agrigento – Montallegro – Sambuca di Sicilia – Mazara del Vallo 160 km

À Montallegro, visitez le Baglio Caruana Cantina & Relais tout en profitant d'un buffet de produits typiques. Le secret du succès des vins de la maison réside dans la passion du producteur Roberto Caruana, dans l'excellente qualité du raisin et dans la richesse des terres de Torre Salsa. Direction Sambuca di Sicilia et son vignoble Feudo Arancio, dont vous découvrirez la gamme étendue de vins : Nina d'Avola, Grillo, Inzolia, syrah, chardonnay, cabernet sauvignon et merlot. Rendez-vous ensuite à Mazara del Vallo

Ragusa

pour un bon repas couronné d'une *cassata*, un succulent dessert local à base de fruits confits, de ricotta de brebis sucrée, de miel ou de chocolat artisanal.

Jour 6

Mazara del Vallo – Selinunte – Marsala 90 km

Visite de Selinunte, le plus grand parc archéologique en Méditerranée, où, entouré d'une belle campagne proche des côtes d'Afrique, vous pourrez marcher parmi les ruines de la ville grecque antique. Poursuivez vers Marsala, cœur de la production viticole sicilienne, pour profiter d'une dégustation dans les caves Caruso e Minini, dont les vins ont été primés lors de la prestigieuse compétition vinicole Mundus Vini. Aux environs

Influence arabe

Plusieurs civilisations venues d'Orient s'installèrent en Sicile au fil des siècles et en transformèrent la culture, de l'architecture à la cuisine, en passant par les noms de famille et la toponymie des rues. Les Arabes arrivèrent ainsi en Sicile au IXe siècle et leur influence demeura importante jusqu'en 1492. Cette présence est tout particulièrement évidente dans la gastronomie sicilienne. Il suffit de penser au couscous de Trapani, également très populaire à Marsala, ou encore à la *cubbàita*, nougat sicilien au sésame et amandes, à la *granita*, sorbet à base de glace pilée, aux *crespelle* farcies, qui ressemblent un peu aux falafels moyen-orientaux, et aux *panelle*, souvent préparées avec de la farine de pois chiches, pour ne donner que quelques exemples.

de la ville, visitez les salines de Marsala, où un petit musée explique les techniques de récolte du sel dans les marais salants. Ensuite, visitez les caves Florio (ainsi que le musée), où plus de 47 000 bouteilles de valeur ont été produites au cours des deux derniers siècles. Terminez la journée en vous offrant un bon couscous de poisson, typique du nord-ouest de la Sicile, aromatisé à l'huile et à l'ail ou garni d'olives, de câpres et de zeste d'orange.

 L'Europe gourmande

Dans les ruelles de Lisbonne

🍴 **Quand y aller ?**
Entre les mois d'avril et d'octobre, le temps est clément, mais pour profiter de meilleurs prix et d'une foule moins dense, privilégiez avril et mai ou septembre et octobre.

L'Europe gourmande

🍴 **5 jours**

🍴 De **Lisbonne** à **Porto**

Pour qui ? Pourquoi ?

🍴 Pour les amateurs de poissons et de fruits de mer, de vins et de portos qui désirent découvrir des villes animées et artistiques débordant de bonnes tables, de terrasses et de caves à vin qui resteront longtemps ancrés dans leurs souvenirs.

Inoubliable...

🍴 S'attabler dans le café Pastéis de Belém, couvert d'azulejos, pour déguster les meilleurs pastéis de nata.

🍴 Traverser à pied le Ponte Dom Luís I de Porto pour profiter de vues à couper le souffle sur la ville et le Douro, avant de découvrir les caves des producteurs de porto à Vila Nova de Gaia.

🍴 S'attarder sur la terrasse de l'un des belvédères de Lisbonne afin de ressentir le pouls de la ville.

Lisbonne et Porto : vins, portos et saveurs de la mer

Selon **Véronique Leduc**

P ays voisin de l'Espagne, le Portugal est riche d'histoire et de charme. En parcourant d'assez courtes distances, les visiteurs peuvent profiter de longues plages, de châteaux médiévaux, de villes dynamiques, de ruelles colorées, de fêtes authentiques, de musique traditionnelle, de vignobles historiques et d'une cuisine savoureuse. Le Portugal propose bien d'autres destinations alléchantes, mais pour un premier contact avec le pays, c'est Lisbonne et Porto qu'il faut visiter.

Lisbonne

Amêijoas a Bulhão Pato

Pastéis de nata

Tramway nº 28, Lisbonne

ESPAGNE

Braga

Porto

Vila Nova de Gaia

Océan Atlantique

Viseu

Salamanque

Coimbra

PORTUGAL

Cáceres

Sintra

■ **Lisbonne**

Mérida

● Setúbal

Faro

Huelva

Séville

10

L'Europe gourmande

Itinéraire gourmand

Jour 1

Lisbonne, ville portuaire

Lisbonne est l'une des plus anciennes villes d'Europe, sans doute en raison de sa situation stratégique à l'embouchure du Tage. Pour ressentir la présence du fleuve, commencez votre exploration dans la ville basse, en empruntant l'agréable rue piétonnière Augusta jusqu'à la Praça do Comércio, plus grande place de Lisbonne, située près de l'eau, où l'on échangeait autrefois épices et or. Arrêtez-vous à l'une des terrasses de la place pour le lunch.

Puis, sautez dans le tramway d'époque (nº 28) qui permet de faire le tour des principaux sites touristiques à modeste coût. En soirée, pour découvrir un port qui vibre au présent, rendez-vous au Doca de Alcântara, où des entrepôts ont été transformés en restaurants et bars branchés. Commandez des spécialités comme les *amêijoas a Bulhão Pato* (un plat de palourdes) ou un *caldo verde* (soupe au chou) accompagnés d'une bouteille de vin blanc, tel le célèbre *vinho verde* par exemple.

Jour 2

Lisbonne par ses belvédères

Lisbonne est surnommée « la ville aux sept collines », et c'est du haut de ses belvédères, ou *miradouros*, qu'on prend toute la mesure de ses dénivellations. Aujourd'hui, arrêtez-vous aux terrasses des nombreux belvédères qui offrent des vues épous-

47

Farniente en Algarve

Si vous disposez de plus de temps, descendez vers le sud du pays jusqu'en Algarve, une des régions les plus touristiques du Portugal, qui vaut le détour. On s'y rend pour profiter des belles plages, mais aussi pour déguster les nombreux produits de cette région agricole, riche en traditions culinaires. Au menu : figues, amandes, oranges, fleur de sel, *sardinhas* et vins locaux.

Tour de Belém

La région viticole du Haut-Douro

Le Portugal cultive la vigne depuis au moins 2 000 ans. On y trouve une grande variété de cépages, des centaines de domaines viticoles et plusieurs routes des vins. S'il vous faut choisir une seule de ces routes, optez pour celle de la vallée du Douro, qui vous permettra d'approfondir vos connaissances sur le porto. Ses splendides vignobles qui s'étagent en cascades jusqu'au fleuve forment des paysages spectaculaires. À partir de Porto, où est située l'embouchure du Douro, vous découvrirez, tout au long du cours d'eau, quelques-uns des plus vieux vignobles du monde, ainsi que de magnifiques villes et villages, des cathédrales et des caves à vin, témoins du passé. Plusieurs domaines ouvrent leurs portes aux visiteurs.

touflantes. Café et croissant au Miradouro de Santa Luzia, apéro à celui de Graça et bouchées au Miradouro da Senhora do Monte, le plus haut de la ville... Entre ces arrêts, prenez le temps d'observer le musée à ciel ouvert qu'est Lisbonne grâce à ses murs couverts d'azulejos, ces carreaux de céramique assemblés de manière à créer de véritables fresques. Pour en savoir plus sur cet art, rendez-vous au Museu Nacional do Azulejo, où l'on retrace l'histoire des carreaux de faïence colorés. En soirée, dans un des quartiers animés de Lisbonne, attablez-vous dans une taverne ou une cave à vin et commandez plusieurs plats à partager. Goûtez aux fromages et aux olives de la région, et demandez de la *bacalhau* (morue salée et séchée), des sardines grillées ou du poulet accompagné de *piri-piri*.

Jour 3

Lisbonne : Belém et fado

Aujourd'hui, rendez-vous dans le quartier de Belém, à une dizaine de minutes de

tramway du centre-ville. C'est de là que partaient les grands explorateurs portugais. La tour de Belém, construite en 1515 afin de surveiller l'entrée du port, témoigne de cette histoire. Appréciez les édifices historiques, dont le fabuleux Mosteiro dos

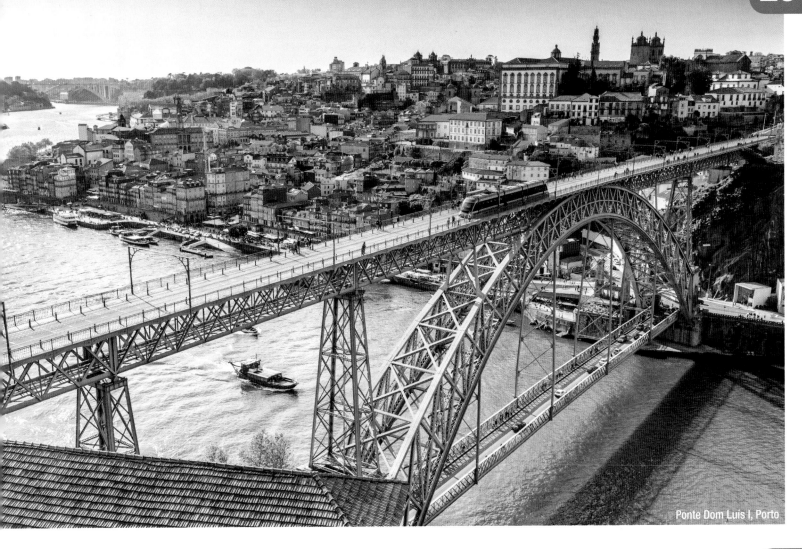

Ponte Dom Luís I, Porto

Jerónimos, visitez le Jardin botanique ou le musée de la Marine. Mais une visite à Belém ne serait pas complète sans un arrêt au café Pastéis de Belém. Si l'on trouve des *pastéis*, ces pâtisseries aux œufs traditionnelles, dans de nombreux commerces du pays, on dit que c'est dans ce café de Belém, couvert d'azulejos, que l'on sert les meilleurs, et ce, depuis 1837. De retour dans les quartiers centraux, demandez à un Lisboète qu'il vous indique le meilleur bar où assister à une représentation de fado, la musique emblématique du Portugal.

Jour 4

Lisbonne – Porto – Vila Nova de Gaia 325 km

Dirigez-vous vers Porto, deuxième ville du pays, située à environ trois heures de route au nord de Lisbonne. On peut aussi la rejoindre aisément en train. Porto, magnifique et romantique, se laisse découvrir à pied. Pour plonger tout de suite dans ce qu'elle a de meilleur à offrir, traversez le Douro par l'emblématique Ponte Dom Luís I et profitez de la vue sur le quartier historique de Ribeira. De l'autre côté, à Vila Nova de Gaia, procurez-vous un plan des chais qui proposent des visites (certaines en français) ainsi que des dégustations de porto. En soirée, retournez du côté de Ribeira et flânez dans ses rues étroites avant de choisir une des terrasses installées le long des murs de pierres ou même dans les escaliers extérieurs. Commandez un verre de porto blanc et goûtez aux tripes ou au pain de maïs, des spécialités de Porto.

Jour 5

Porto

Prenez aujourd'hui le temps d'explorer les différents quartiers de la ville. Le midi, rendez-vous au Mercado do Bolhão pour y découvrir les étals de fruits et de légumes, de poissons et de fromages avant de faire quelques achats pour vous sustenter. Allez faire ensuite un tour à l'époustouflante librairie Lello & Irmão, dont l'escalier central aurait inspiré l'auteure J.K. Rowling lors de l'écriture d'*Harry Potter à l'école des sorciers*, et repartez avec un livre de recettes portugaises. Passez la soirée au Café Majestic, une adresse historique qui attire les artistes depuis près d'un siècle. Dans un cadre Art déco à la fois chic et chaleureux, concluez votre voyage avec un verre de porto et un dessert chocolaté.

 L'Europe gourmande

49

La Petite Venise, Mykonos

Quand y aller ?

Pour profiter d'un temps doux, de sites moins achalandés et de lieux d'hébergement plus abordables, privilégiez les mois de mai et septembre. En septembre, l'eau de la mer sera en plus à sa température maximale.

8 jours

Boucle au départ d'Athènes

Pour qui ? Pourquoi ?

✗ *Pour ceux qui ont envie de soleil, de randonnées, de plages, de vins frais, et qui savent apprécier une cuisine simple mais authentique.*

Inoubliable...

✗ *Savourer des mezze sur une terrasse d'Athènes offrant une vue sur l'Acropole.*

✗ *Prendre un verre d'ouzo au bord de l'eau, dans le quartier de la Petite Venise, à Mykonos.*

✗ *Marcher dans un des plus beaux sentiers de randonnée au monde, entre Fira et Oia, au-dessus de la caldeira de l'île de Santorin.*

Saveurs des îles grecques

*Selon **Véronique Leduc***

La Grèce fait rêver. La mer bleue, les bâtiments blancs qui s'étagent en cascades sur des rochers escarpés, les ruines historiques, les plages, les olives, les salades fraîches, les vins blancs... tout ce qui vous vient en tête quand vous pensez à la Grèce deviendra réalité quand vous serez dans les îles grecques. Le pays possède plusieurs archipels regroupant chacun de nombreuses îles. Les itinéraires possibles sont donc infinis, mais pour un premier voyage, les Cyclades sont des incontournables grâce à leur accessibilité, à leur beauté et à l'accueil convivial réservé aux visiteurs.

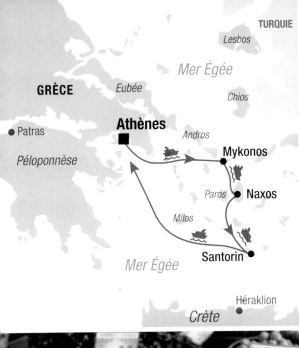

De l'ouzo

Marché central d'Athènes

Quartier de Monastiraki, Athènes

Quelques alcools grecs

Outre le Kitron, une liqueur à base de citron typique de Naxos, et l'ouzo, au parfum anisé, les îles grecques proposent quelques très bonnes bières, dont certaines sont brassées sur place, ainsi que des vins, blancs surtout, désormais réputés partout dans le monde. Parmi les vins traditionnels grecs, il convient de mentionner la retsina, un vin résiné blanc ou parfois rosé devenu emblématique, obtenu grâce à l'ajout de résine de pin pendant la vinification. Santé!

Itinéraire gourmand

Jour 1
Athènes

Comme les marchés sont les meilleurs endroits pour prendre le pouls d'un peuple, rendez-vous dès votre arrivée à Athènes au marché central de la ville et flânez dans les étals d'olives, de noix, de fruits, de viandes et de poissons. Déambulez ensuite dans le centre historique de la capitale, à travers les quartiers de Plaka, Monastiraki et Thissio, avant de monter jusqu'à l'Acropole, ce site culturel inscrit au patrimoine mondial de l'UNESCO qui date du Ve siècle avant J.-C., et qui semble veiller sur la ville. Pour conclure cette première journée, atta-

blez-vous en soirée à une terrasse avec vue sur l'Acropole illuminée, commandez des *mezze*, des entrées comme du *tzatzíki* (yaourt de chèvre ou de brebis avec concombre, oignon et ail râpés), des feuilles de vigne farcies, des calmars frits ou des croquettes à la courgette.

Jour 2
Athènes

Ce matin, savourez un cappuccino *freddo* (café froid) bien mousseux, un jus d'orange fraîchement pressé et des *tiropita* ou *spanakopita*, soit des feuilletés à la feta ou aux épinards disponibles presque partout. En avant-midi, visitez un des musées d'Athènes selon vos intérêts (art ancien ou contemporain?). En après-midi, partici-pez à un cours de cuisine que vous aurez réservé au préalable. La ville d'Athènes

offre plusieurs lieux qui permettent de se familiariser avec les aliments gorgés de soleil et les recettes simples du pays. Complétez votre apprentissage alimentaire avec un dîner dans une taverne tradition-nelle où l'on sert, à des prix raisonnables, des plats typiques à partager.

Jour 3
Athènes 🛳 Mykonos

Rendez-vous aujourd'hui dans l'île de Mykonos à bord d'un des ferrys qui y conduit. Passez l'après-midi à découvrir cette petite île en marchant dans ses ruelles étroites couvertes de pierres blanches avant de vous installer sur une terrasse du quartier de la Petite Venise, en bordure de l'eau, reconnu pour ses couchers de soleil. Pour profiter du spectacle comme le font les Grecs, demandez quelques olives et

 L'Europe gourmande

51

L'Europe gourmande

Vignobles, Santorin

Menu d'une *taverna*

Spanakopita

La petite histoire d'une grande salade

La salade grecque, savourée à travers le monde, est probablement l'un des plats les plus connus du pays. On retrouve d'ailleurs cette salade composée sur tous les menus, de l'établissement le plus décontracté au plus chic. Au pays, on la sert très simplement : des morceaux de tomates, de concombres et d'oignons frais, parsemés de quelques olives noires, de câpres, d'origan et d'une tranche de feta, ce fromage au goût et à la texture toujours différents selon les établissements et les régions, le tout accompagné d'huile d'olive et de vinaigre de vin rouge. Le mets porte bien son véritable nom, soit *horiatiki*, ou « la villageoise », puisque la salade se compose d'aliments gorgés de soleil que l'on retrouve dans chaque village.

un verre d'ouzo, une boisson alcoolisée anisée.

Mykonos   Jour 4

Aujourd'hui, profitez d'une journée au bord de la mer. À quelques kilomètres du port, vous trouverez plusieurs plages, des plus festives aux plus décontractées. De retour dans les rues centrales animées, offrez-vous un bon repas dans une des tavernes nichées dans les cours intérieures que forment les murs des bâtiments et le dédale des ruelles. Au cœur de la mer Égée, le poisson servi est tellement frais que certains établissements permettent que vous choisissiez le vôtre parmi les prises du jour encore entières dans de grands tiroirs réfrigérés, avant de l'apprêter pour vous. Vous pourrez aussi jeter votre dévolu sur d'autres plats typiques de la cuisine

Oia, Santorin

grecque comme un casserole d'*okra* (ou gombos), un *taramosalata*, une succulente mousse à base d'œufs de poisson, et un *galaktoboúreko*, un dessert classique fait de pâte farcie de crème pâtissière.

Jour 5
Mykonos ⛴ Naxos

Ce matin, direction Naxos, la plus haute et la plus grande île de l'archipel des Cyclades. Commencez par découvrir sa jolie « capitale » du même nom, en vous perdant dans les ruelles qui montent à partir du port. Entrez dans les boutiques touristiques, arrêtez prendre un verre de Kitron, une liqueur produite ici, et surtout, n'oubliez pas d'apprécier la vue. En soirée, choisissez une taverne le long de l'avenue qui longe le port et partagez une salade grecque, des aubergines en sauce, une

moussaka et un flan ou une crème glacée en guise de dessert.

Jour 6
Naxos

Louez un scooter et roulez au travers des vignobles, des vergers et des villages de l'île jusqu'au mont Zeus (1 000 m), dont l'ascension promet des vues incroyables. En fin de journée, dégustez sur le pouce un délicieux gyros, ce sandwich de pain moelleux garni de viande, de frites, de sauce *tzatzíki* et de légumes. Toujours un délice!

Jour 7
Naxos ⛴ Santorin

Par bateau, quittez Naxos pour Santorin, l'un des endroits les plus touristiques, mais aussi l'un des plus beaux du pays. Dès

votre arrivée, trouvez une place sur une terrasse qui surplombe la caldeira, résultat d'une éruption volcanique, afin de trinquer pendant des heures à la beauté de ce paysage émouvant.

Jour 8
Santorin

Louez un 4 x 4 et faites le tour de l'île, pour admirer les vignes, contempler les villages et découvrir les plages du sud. En milieu d'après-midi, partez de Fira pour marcher dans un des plus beaux sentiers de randonnée au monde, qui mène jusqu'à Oia, village le plus chic de l'île, réputé pour offrir parmi les plus beaux couchers de soleil. Commandez quelques bouchées et une bouteille de mousseux, puis profitez du spectacle qui rendra la dernière soirée de votre voyage inoubliable.

 L'Europe gourmande

L'Europe gourmande

Temple Bar

👕 **Quand y aller ?**
Les mois de juillet et août sont assurément les plus recommandables pour visiter l'Irlande. Prévoyez toutefois des vêtements chauds en plus d'un imper ou d'un parapluie, mais vous pourrez toujours vous réchauffer dans l'un des nombreux pubs.

👕 **3 jours**

👕 Séjour à **Dublin**

Pour qui ? Pourquoi ?

✗ *Pour les voyageurs qui aiment s'immerger dans une culture à la fois véritable et respectueuse des traditions ancestrales, entre visites de monuments et soirées festives!*

Inoubliable...

✗ *Découvrir un savoir-faire culinaire original et généreux, à l'image de son peuple.*

✗ *Apprécier l'architecture imposante de la ville.*

✗ *Faire la tournée des pubs locaux et profiter des festivités dublinoises.*

Pub, panure, poisson et **plaisirs irlandais**

*Selon **Annie Duhamel***

Si l'Irlande est bien souvent associée à la grisaille de ses jours de pluie, son peuple et sa cuisine, quant à eux, sont tout sauf ternes et froids! La musique, les festivités et la nourriture réconfortante sont ainsi au cœur des traditions dublinoises. C'est d'ailleurs pourquoi les visiteurs s'accrochent généralement les pieds dans un des nombreux pubs qui façonnent la ville afin d'y déguster quelques bières, mais également pour jouir d'une atmosphère plus qu'authentique au rythme des flûtes et des guitares.

Le whisky irlandais

Un Irlandais soutiendra sans démordre que son whisky est bien meilleur que celui de son voisin, le scotch. Il y a d'ailleurs de nombreuses distinctions à faire entre le whisky irlandais et son cousin écossais. En Écosse, on distille deux fois le scotch, alors que le whisky irlandais subit une triple distillation. Très souvent, en Écosse, on sèche les graines et les céréales en utilisant de la tourbe, ce qui n'est pas coutume en Irlande. C'est principalement pour cela que le whisky irlandais est généralement moins fumé, plus délicat. Il y a quelque chose de très intense dans cette eau-de-vie irlandaise… au-delà de son degré d'alcool. C'est comme si chaque bouteille renfermait un pan de l'histoire irlandaise, et que chaque gorgée en était le prolongement.

Une distillerie

Le fish and chips *de Leo Burdock*

Le *fish and chips* est le plat traditionnel par excellence en Irlande. Reconnu pour la délicatesse de son poisson et le croustillant de sa panure, ce mets est offert sur presque tous les menus des pubs. Toutefois, le restaurant Leo Burdock est une véritable institution à Dublin : on y sert exclusivement du *fish and chips*. Son histoire remonte à 1913, alors que le fils des propriétaires, Leo Burdock, partait à l'aube, tous les matins, à la recherche de poisson frais, de pommes de terre et de charbon (utilisé jusqu'en 1991 pour chauffer les friteuses). Renommé pour ses généreuses portions, le restaurant Leo Burdock sert encore de nos jours du poisson frais pané délicieusement. Les gens prennent souvent une commande de *fish and chips* pour emporter, qu'on emballe dans du papier journal en souvenir de l'époque où l'on utilisait les pages du quotidien local.

Itinéraire gourmand

Jour 1

Dublin, le quartier médiéval et Temple Bar

Visitez le célèbre Brazen Head, le plus vieux pub de cette ville qui en compte d'innombrables. Marchez ensuite dans les rues du mythique quartier médiéval, où vous tomberez notamment sous le charme de l'imposante cathédrale Saint Patrick. En soirée, faites la tournée des nombreux pubs de Temple Bar, un secteur prisé pour sa vie nocturne animée. Vous pourrez y déguster une Oyster Stout, une Dublin Pale Ale ou encore une Temple Brau.

Jour 2

Le Trinity College et ses environs

Rien de mieux qu'un *breakfast* irlandais pour commencer la journée. On vous servira une généreuse assiette garnie d'œufs, de tomates, de champignons, de fèves blanches, de bacon épais, d'une généreuse rondelle de boudin à l'orge et de beurre irlandais pour en couvrir vos toasts. Découvrez ensuite l'honorable Trinity College, l'élégance de sa bibliothèque et son pavillon renfermant le *Book of Kells*, ce célèbre manuscrit aux enluminures celtiques datant du IXe siècle. Puis, non loin de là, profitez de l'occasion pour faire la visite de la distillerie de whisky Jameson. Et pourquoi ne pas assister à un spectacle de musique de rue ou de musique traditionnelle?

Jour 3

Ailleurs à Dublin

Découvrez aujourd'hui le Guinness Storehouse, sorte de musée consacré à la fameuse brasserie et à son fondateur. Pour casser la croûte comme les Irlandais, faites une pause chez Leo Burdock, une institution dublinoise depuis plus de 100 ans déjà, afin de vous offrir un *fish and chips*. La visite de la Marsh's Library est également incontournable et vous transportera dans une autre époque avec ses rangées de livres minutieusement classés. Le soir, arrêtez-vous dans l'un des nombreux pubs typiques pour manger, au son de la musique traditionnelle, un *Irish stew*, mijoté d'agneau, de pommes de terre et de légumes, un *fish cake*, boulette massive et frite composée de morue, de saumon et de pommes de terre, et du *soda bread*, un pain irlandais dense et entier.

L'Europe gourmande

55

Marché de nuit à Bangkok, Thaïlande

L'Asie gourmande

Quand y aller ?
En janvier ou février, pour participer aux célébrations du Nouvel An chinois.

Rencontre de deux *Star Ferries*, Hong Kong

6 jours

De **Hong Kong** à **Macao**

L'Asie gourmande

Pour qui ? Pourquoi ?

✗ *Pour les amateurs de mélanges de tradition et de modernité, les citadins endurcis ayant tout de même besoin de nature et les gourmands prêts à l'aventure.*

Inoubliable...

✗ *Effectuer la traversée entre Hong Kong et Kowloon à bord du mythique Star Ferry qui relie l'île au continent depuis 1888.*

✗ *Participer à la fête du Nouvel An chinois; ambiance et festins garantis.*

✗ *Se ressourcer sur l'île de Lantau ou dans les parcs verdoyants des Nouveaux-Territoires.*

Hong Kong et Macao : du « port des senteurs » à l'« enfer du jeu »

Selon **Vincent Vichit-Vadakan**

Hong Kong et Macao partagent une langue et une cuisine, mais ont pris des chemins très différents au cours de leur longue histoire. Certes, leur passé colonial britannique ou portugais y a joué un rôle, mais c'est évidemment la Chine, à laquelle les deux territoires sont directement rattachés depuis la fin du XXᵉ siècle, qui oriente la vie et, *a fortiori*, la cuisine locale. Les voyageurs en quête de découvertes culinaires trouveront leur bonheur au fil de cet itinéraire. À Hong Kong et à Macao, on mange de tout, à toute heure, en tout lieu...

CHINE

Guangzhou

Dongguan

Shenzhen

Hong Kong

Macao

Mer de Chine méridionale

Brochettes de *yu dan*

Marché nocturne, Kowloon

Les nouilles

Mangez des nouilles, des nouilles et encore des nouilles! Les *wantan mien* sont des raviolis à l'eau faits de pâtes fines à l'œuf servies dans un bouillon aromatique, un plat qui se consomme à toute heure. Les restaurateurs proposeront la nouille adaptée au plat désiré : du *haw fun*, sorte de tagliatelle de riz, pour les sautés au bœuf et à la sauce de haricots noirs; des nouilles du Yunnan, de longues pâtes rondes à la farine de riz qui baignent dans un bouillon piquant; ou bien celles d'origine *chiu chow*, croquantes et recouvertes de viande et de légumes en sauce sautés au wok. Rares sont les cuisiniers qui chevauchent encore un tronc de bambou pour pétrir la pâte de nouilles de tout leur poids sur un plan de travail, mais c'est un spectacle à ne pas manquer. Un autre beau spectacle : l'étirage à la main des *lamien*, qui produit des centaines de fines nouilles tirées d'une seule boule de pâte, sans utilisation de couteau ni de machine.

Itinéraire gourmand

Jour 1

L'île de Hong Kong

Consacrez cette première journée à l'île de Hong Kong, qui culmine au Victoria Peak, accessible par funiculaire. Faites un saut au Man Mo Temple, près de la très pentue Ladder Street, un vieux temple taoïste des plus colorés, puis dans le quartier Sheung Wan, rempli de boutiques traditionnelles où les Hongkongais s'approvisionnent en poissons séchés, en ingrédients pour les soupes, en fruits et autres aliments. Dans le Central, le quartier des affaires, flânez un moment dans le vaste Hong Kong Park, harmonieusement aménagé, et ne manquez pas de faire halte au Flagstaff House Museum of Tea Ware, un fabuleux musée du thé.

Jour 2

Kowloon

Embarquez-vous aujourd'hui sur le mythique *Star Ferry*, à destination de Kowloon. Profitez de votre visite de ce quartier, l'un des plus densément peuplés au monde, pour vous rendre dans un *cha chan teng* (littéralement « restaurant de thé »). Il y en a dans tous les quartiers, mais c'est dans les rues étroites de Kowloon qu'on en trouve le plus grand nombre, dont certains ont conservé leur décor d'origine des années 1950 et 1960. La frénésie du magasinage des Hongkongais atteint son paroxysme dans les rues marchandes et les centres commerciaux de Tsim Sha Tsui, à la pointe sud de Kowloon. Là, Nathan Road déroule son tapis de néons incandes-

L'Asie gourmande

Tai O

Man Mo Temple, Hong Kong

L'Asie gourmande

Quels dim sums commander?

Le repas emblématique de Hong Kong est sans aucun doute celui qui s'organise autour des dim sums, « ce qui touche le cœur » en cantonais. On l'appelle aussi *yum cha*, ou « boire du thé » car les bouchées vapeur, les petites fritures, les friandises et autres petits plats qui le composent ne sont en théorie « que » l'accompagnement du thé. Dans les traditionnels « salons de thé », on choisit ses plats sur des charriots couverts de paniers vapeur fumants qui circulent entre de grandes tables partagées. On calcule l'addition en fonction du nombre de plats et de paniers commandés, chaque modèle ou couleur correspondant à un prix différent. Jadis servies seulement au repas du matin, ces bouchées sont désormais couramment proposées à tout moment de la journée dans des échoppes modestes autant que dans d'élégants grands restaurants.

Ha gao : Ces bouchées vapeur à la crevette dans une pâte de riz sont les mieux connues et les plus prisées, avec les *siu mai*, des bouchées de porc et de crevettes dans une pâte de blé.

Cheung fun : De larges crêpes de riz cuites sur un tissu placé au-dessus d'un bain-marie sont garnies de viande, de fruits de mer ou d'autres ingrédients avant d'être décollées et enroulées. Elles sont nappées de sauce de soja et découpées aux ciseaux à table.

Bao : La forme la plus courante de cette brioche est farcie au porc laqué (*cha siu bao*), mais il en existe de nombreuses versions salées et sucrées, cuites à la vapeur, à la poêle ou au four.

Lo mai gai : Du riz gluant, du poulet et d'autres ingrédients sont enveloppés dans une feuille de lotus. Le paquet qui en résulte est cuit à la vapeur et servi entier.

Parmi les fritures, on dégustera du *gah lei gok*, des feuilletés au curry, et des *loh bak see sou ban*, de fines juliennes de radis blanc qui entourent une farce au porc et aux légumes.

Largo do Senado, Macao

cents sur le Golden Mile. Du front de mer, un panorama sans égal se révèle sur l'île de Hong Kong.

Jours 3 à 5

Les îles

Peu de visiteurs sortent de la jungle urbaine de Kowloon et de Central, et c'est bien dommage. Quelque 70 % de la superficie de Hong Kong est composée d'un espace vert et, outre la grande île même, le territoire en comprend plus de 200 autres, largement paisibles et inhabitées. Une visite à Tai O, à l'extrémité ouest de l'île de Lantau, est l'occasion de voir un village de pêcheurs en pleine activité. On peut aussi y observer la vente de produits frais au marché, le séchage de poisson et la réparation de bateaux et de filets. Les œufs de

crevettes séchées constituent ici un mets prisé, à parsemer sur des nouilles ou à incorporer dans la farce des raviolis. C'est aussi dans l'île de Lantau que l'on trouve le Giant Buddha, dominant du haut de ses 34 mètres le monastère de Po Lin. Sur l'île de Cheung Chau, les brochettes de *yu dan*, des boulettes de poisson géantes, sont à manger dans la rue, de préférence trempées dans une sauce au curry. Quant à l'île de Lamma, vous y découvrirez avec plaisir les restaurants installés sur le port qui cuisinent les écrevisses, praires couteaux et autres mérous locaux à la commande.

Jour 6

Hong Kong ⛴ Macao

Rendez-vous aujourd'hui à Macao à bord d'un des bateaux rapides qui la relient

à Hong Kong. Ses nombreux casinos font de cette ville la capitale mondiale du jeu. Cette ancienne colonie portugaise possède encore aujourd'hui de nombreux monuments et vestiges de cette époque, tels que l'emblématique façade de l'église Sao Polo et les édifices qui bordent la place Largo do Senado, dans le centre historique. Pour une vue imprenable sur les environs, rendez-vous au sommet de la Tour Macao (223 m). Au fil de la journée, ne manquez pas de vous arrêter dans l'une des boulangeries du lieu pour goûter aux célèbres *pasteis de nata* (tartelettes à l'œuf), ou encore dans l'un des restos locaux pour découvrir d'autres spécialités de la cuisine macao-portugaise.

L'Asie gourmande

Quand y aller ?
De décembre à mars. Les mois de février et mars sont particulièrement populaires. Avril est encore agréable et moins couru, mais plus humide.

Citadelle royale, Hué

L'Asie gourmande

🍴 **9 jours**

🍴 Boucle au départ de **Hô Chi Minh-Ville**

Pour qui ?
Pourquoi ?

✗ Pour les amateurs d'histoire et d'architecture qui apprécient un certain confort en voyageant dans un pays d'Asie de plus en plus développé. Pour aller à la rencontre d'un peuple optimiste et résilient. Pour découvrir une gastronomie riche.

Inoubliable...

✗ Sillonner, à bord d'une petite barque en bois, les canaux en bordure du delta du Mékong.

✗ Atteindre en bateau, et ensuite à vélo, le village de Tra Que, célèbre pour ses fines herbes et... ses massages de pieds.

✗ Parcourir le marché de Dong Ba, à Hué, l'un des plus authentiques du pays.

Le panier à riz du **Vietnam**

Selon **Ariane Arpin-Delorme**

Vous remarquerez autant la modernisation de Hô Chi Minh-Ville que les traces profondes laissées par la présence américaine. Fréquentez les marchés flottants du delta du Mékong pour lever le voile sur la vie des riverains. Ancien port de premier plan, Hoi An, inscrit au Patrimoine mondial de l'UNESCO, est l'un des rares endroits où la véritable architecture vietnamienne côtoie des bâtiments d'influence japonaise, chinoise ou française. Surtout, goûtez à la succulente cuisine vietnamienne, riche de 500 plats nationaux! Des traditions anciennes, des influences étrangères et une société dynamique font du Hoi An une destination fascinante.

La palanche

Ce système traditionnel permet de porter, sur l'épaule, deux charges accrochées aux extrémités d'une tige de bois ou de bambou. Au Hoi An, on l'utilise pour transporter un peu de tout, mais surtout de la nourriture. On compare souvent la forme géographique du pays, qui s'allonge à la verticale, avec la palanche, dont les deux paniers symboliseraient les deux deltas : au nord, le delta du fleuve Rouge et, au sud, le delta du Mékong, les deux greniers à riz du Hoi An.

Culture des herbes, Tra Que

Itinéraire gourmand

Jour 1

Hô Chi Minh-Ville (Saïgon)

Traverser la rue parmi les centaines de mobylettes chargées de familles complètes, de poulets, de meubles, etc., quelle aventure! Admirez quelques beaux exemples de l'architecture française, comme la poste centrale et la cathédrale Notre-Dame. Faites un saut dans Cholon pour goûter quelques plats insolites et visiter les superbes pagodes de Thiên Hâu et Quan Âm. Goûtez les spécialités du sud : salade avec noix et copeaux de noix de coco fraîche; sauté de bœuf et de légumes; aubergines grillées, servies avec poisson au *shiso* et aux oignons; ou encore tofu à la sauce aux œufs de mille ans, accompagné de riz cuit à la vapeur.

Jour 2

Hô Chi Minh-Ville (Saïgon) – Marché de Ben Thanh – Cours de cuisine

Flânez au marché de Ben Thanh ou, mieux, apprivoisez la gastronomie du sud au cours d'un atelier de cuisine. Visitez les galeries d'art de la ville ou les boutiques de la rue Dong Khoi. Essayez le fameux sandwich vietnamien au passage et goûtez aux desserts locaux.

Jour 3

Hô Chi Minh-Ville (Saïgon) – Can Tho – Delta du Mékong 170 km

Rejoignez votre bateau à Can Tho pour voguer sur le delta du Mékong, le « panier à riz du Vietnam ». Découvrez quelques îles

L'Asie gourmande

Hoi An

Marché de Dong Ba, Hué

Soupe au tofu

Le tofu réinventé pour la royauté

Le tofu aurait été découvert en Chine, vers 950 après J.-C., probablement à la suite d'une pénurie de produits laitiers d'origine animale. Le fromage de soya s'est imposé en étendant petit à petit sa présence dans les autres pays d'Asie, pour des raisons diverses. Au Hoi An, ce serait la cuisine royale qui aurait utilisé le tofu pour la première fois. Comme la viande était non seulement chère, mais également jugée lourde pour la santé, les chefs de la cuisine royale ont cherché à la remplacer par un aliment plus sain, sans que la famille se sente lésée. Après de nombreux essais et erreurs, ils auraient réussi à peaufiner la texture, le goût ainsi que l'apparence du tofu pour qu'il ressemble à de la viande.

L'Asie gourmande

à pied. Savourez les friandises à la noix de coco, les fruits tropicaux, le vin de miel et l'alcool de riz. Régalez-vous de fruits de mer fraîchement pêchés, dont le « poisson aux oreilles d'éléphant ».

Jour 4

Can Tho – Delta du Mékong – Marché flottant de Cai Rang – Hô Chi Minh-Ville 170 km

Poursuivez votre périple dans le delta du Mékong à bord d'une barque en bois, pour découvrir le coloré marché flottant de Cai Rang. Déjeuner typique du Mékong : poisson, sauté de bœuf avec riz, coriandre, ananas et pousses de soja, suivis d'un gâteau *khoai mì* (gâteau au manioc) et de fruit du dragon.

Jour 5

Hô Chi Minh-Ville ✈ Da Nang – Hoi An 30 km

Cap sur Hoi An, anciennement Faifo, qui semble avoir été épargné par la guerre. Savourez un dîner de salade de papaye verte avec menthe fraîche, nappée de sauce aux arachides, liserons d'eau « gloire du matin » croustillants, poisson grillé dans une feuille de bananier et yogourt vietna-

mien parsemé de fruits et de croustillant de noix de coco.

Jour 6

Hoi An – Tra Que – Hoi An – Cours de cuisine 6 km

Vous êtes lève-tôt? Visitez le marché aux poissons! Prenez ensuite le bateau pour Tra Que avant d'enfourcher votre vélo pour

Rizières, Delta du Mékong

découvrir le village et ses alentours. Offrez-vous un massage des pieds dans l'eau, spécialité locale. De retour à Hoi An, apprenez à cuisiner les *white roses* (raviolis fourrés au porc ou à la crevette), les nouilles *cao lau* et les *won ton*.

Jour 7

Hoi An – Cua Dai – Hoi An 15 km

À Hoi An, ville de la soie, faites-vous confectionner des vêtements ou des chaussures sur mesure dans l'un ou l'autre des quelque 400 ateliers. Au restaurant Yellow River, dégustez un *ram tam huu* (crevettes et flanc de porc poêlés à la sauce verte avec échalotes) en écoutant les anecdotes de M. Sang. Partez ensuite à la découverte de la plage de Cua Dai et prenez votre

repas du soir – canard cuit à la vapeur, servi dans une sauce au gingembre frais, riz frit avec concombres marinés et salade maison – en admirant la rivière Thu Bon.

Jour 8

Hoi An – Hué 130 km

En route vers les montagnes de marbre, arrêtez-vous dans un atelier de sculpture du marbre. Grimpez vers un de ses sommets pour accéder à des bijoux de pagodes cachées dans les grottes. Poursuivez le long de la côte, en traversant le spectaculaire passage dans les nuages du col de Hai Van. Sur la plage de Lang Co, savourez un barbecue de calmars et de poisson, accompagné de riz et légumes sautés, le tout servi avec une soupe aux asperges blanches et au crabe.

Jour 9

Hué – Marché de Dong Ba ✈ Hô Chi Minh-Ville (Saïgon)

Inscrite au Patrimoine mondial de l'UNESCO, Hué abrite les tombeaux d'anciens empereurs de la dynastie Nguyên, la tombe royale de Tu Dúc, les ruines des douves de la Cité pourpre interdite et la Citadelle royale. Sur réservation, partagez un repas mandarin servi à la villa royale de Tha Om, appartenant à la descendante de l'empereur Thành Thái. Ne manquez pas le marché de Dong Ba. Parcourez la romantique rivière des parfums à bord d'un bateau-dragon. Faites un arrêt à la pagode Thien Mu.

L'Asie gourmande

🔖 **Quand y aller ?**
De décembre à mars. Les mois de février et mars sont les plus populaires. Évitez la période de la fête du Têt, le Nouvel An vietnamien (fin janvier ou début février), de nombreux commerces étant alors fermés. Avril est très humide.

Région de Mai Chau

🔖 **6 jours**

🔖 Boucle au départ de **Hanoï**

L'Asie gourmande

Pour qui ?
Pourquoi ?

✗ *Pour les amateurs de nature et de randonnée. Pour découvrir une cuisine saine où les fines herbes jouent un rôle de premier plan. Pour les belles rencontres parmi la cinquantaine de minorités ethniques du nord du pays.*

Inoubliable...

✗ *Apprendre à cuisiner dans une école d'hôtellerie, au retour du marché.*

✗ *Naviguer à bord d'une jonque traditionnelle sur la baie d'Halong, entourée de milliers de pics rocheux perçant une brume mystérieuse.*

✗ *Faire la rencontre des villageois de la région de Mai Chau, heureux de partager leurs connaissances.*

Arts et saveurs du nord du **Vietnam**

*Selon **Ariane Arpin-Delorme***

Ici, la beauté règne partout, dans la campagne pastorale comme là où les vastes rizières rencontrent la jungle dans une explosion de verts. À Hanoï, découvrez l'élégante architecture de l'époque coloniale française et la forte influence de la culture chinoise sur les coutumes nationales. Laissez-vous charmer par les contes et légendes. Sillonnez la spectaculaire baie d'Halong, au milieu de ses milliers d'îles. Le temps semble s'être arrêté il y a 1 000 ans dans certains villages de la région de Mai Chau. Profitez de toutes les occasions pour flâner dans les marchés locaux et mieux connaître les ingrédients de la cuisine vietnamienne.

Hanoï

Cuisine de rue, Hanoï

La soupe pho

Simple, mais complexe sur le plan des saveurs, la soupe *pho* (prononcez « feu-euh ») serait l'héritière du « pot-au-feu » français. Feu serait devenu *pho*, qui évoque ses longues heures de préparation. Il faut au moins trois heures de cuisson, à feu moyen, pour obtenir le bouillon d'os de bœuf. On ajoute ensuite le *nuoc-mam*, l'anis étoilé, les bâtonnets de cannelle, le gingembre, l'oignon grillé, la cardamome et, à la fin, les nouilles de riz, les tranches de bœuf tendre, les fèves de soja, le jus de lime, les feuilles de basilic thaï, la coriandre, la ciboulette asiatique et les rondelles de piment oiseau. On l'accompagne d'un bol d'oignons au vinaigre. Les recettes varient selon les régions. Le bouillon du *pho bac* du nord est plus clair et ses saveurs sont plus prononcées que celui du *pho nam* du sud. On mange ce dernier avec des herbes, de l'oignon émincé au vinaigre ainsi que les sauces hoisin et sriracha.

Itinéraire gourmand

Jour 1

Hanoï

Au merveilleux Musée de l'ethnologie, plus de 15 000 objets illustrent la grande diversité des minorités ethniques qui ont façonné le paysage culturel du pays. Découvrez en cyclopousse certains quartiers qui ont gardé une allure bien française, surtout grâce à leur architecture. Attablez-vous au Cyclo Bar et commandez des rouleaux de printemps, des côtes de porc croustillantes dans une sauce sucrée-salée ou un sauté au poulet et champignons.

Jour 2

Hanoï – Marché – Cours de cuisine dans une école coopérative

Les marchés typiques se découvrent dans une explosion d'odeurs et de couleurs.

Des femmes coiffées de chapeaux coniques y vendent des fruits empilés dans les palanches qu'elles tiennent en équilibre sur leurs épaules. On vous enseignera à choisir vous-mêmes les ingrédients qui vous permettront de concocter de savoureux plats du nord, à

L'Asie gourmande

Rizières près de Mai Chau

Spectacle de marionnettes dans l'eau, Hanoï

Salade de fleurs de bananier

L'Asie gourmande

CHINE

Nanning

VIETNAM

Hanoï — Baie d'Halong

Mai Chau — Hải Phòng

Thanh Hóa

LAOS

Mer de Chine méridionale

l'école coopérative d'Hoa Sua. Un tour de la ville vous mènera à l'ancienne demeure en bois de Hô Chi Minh, fondateur de la République du Vietnam, et au mausolée où il repose dans un sarcophage de verre. Goûtez le canard rôti sur le feu au Cha Ca La Vong, le plus vieux restaurant familial de la ville.

Jour 3

Hanoï – Croisière sur la baie d'Halong 180 km

Cap sur la baie d'Halong en traversant de magnifiques paysages où défilent fermes, rizières et villages typiques. En chemin, faites une halte à la pagode But Thap, l'une des plus jolies du pays. Vous y trouverez une collection exceptionnelle d'objets d'art très anciens. Embarquez sur une jonque classique et naviguez tranquillement dans la baie aux eaux turquoise. À bord, dégustez soupe aux légumes, calmars « boule de neige », crevettes à la coco, légumes sautés au gingembre et riz cuit à la vapeur. La baie d'Halong est un labyrinthe de plus de 2000 pics rocheux, dont certains

rappellent les silhouettes de coqs, de chiens, de tortues et de lions. Essayez-vous à la pêche en suivant les conseils de l'équipage. Terminez la journée par un banquet de fruits de mer avant de vous endormir, bercé par les flots.

Jour 4

Baie d'Halong – Hanoï 180 km

Profitez de la brise matinale pour faire une excursion en kayak avant de revenir à Hanoï. Sur réservation, visitez le théâtre national en compagnie de son directeur. Des acteurs vous feront découvrir leurs costumes traditionnels. Profitez de l'occasion pour apprendre à jouer de quelques instruments anciens. Autrement, assistez à un spectacle de

Baie d'Halong

marionnettes dans l'eau, un art millé-naire qui raconte des légendes mettant notamment en scène des animaux. Dégustez une de ces fameuses soupes *pho*, un classique de la cuisine de rue.

Jour 5

Hanoï – Mai Chau 150 km

Départ pour Mai Chau en passant par de petites routes de campagne bordées de rizières et de fermettes. Installez-vous dans une maison traditionnelle sur pilotis, au village de Ban Lac. Partagez un repas avec une famille. Vous dégusterez une salade de fleurs de bananier, du riz sucré *com lam*, du tofu en cubes dans une sauce aux tomates et échalotes, le tout arrosé d'alcool de riz local.

Les rizières

L'image d'un paysage de rizières en terrasses est la plus évocatrice du Vietnam. Elle atteint un summum de splendeur lorsque le riz vert étincelant est en pleine éclosion, juste avant la récolte. Dans les régions situées en basse altitude, comme au centre et dans le delta du Mékong, on récolte deux fois l'an, en avril et en septembre. Dans les régions de plus haute altitude, principalement au nord, il n'y a qu'une seule récolte, l'été. En octobre, quand les rizières sont vides, le paysage se couvre de dorure. Mais attention, septembre et octobre sont les mois de la mousson.

Jour 6

Mai Chau – Hanoï 150 km

Randonnée le long de sentiers que croisent les buffles d'eau, à travers champs de riz et forêts de bambou. Rencontre avec les villageois de Thaï, Ha Mai et Chieng Chau qui vous enseigneront comment cuisiner leurs plats traditionnels : légumes sautés avec porc servis sur un nid de nouilles et gâteau *yam* (au tarot) épicé à la cannelle, dans un sirop à l'anis.

 L'Asie gourmande

69

👨‍🍳 Quand y aller ?

Octobre est sans aucun doute le meilleur mois pour découvrir le nord-ouest et le centre de l'Inde. Autrement, allez-y en avril, après les pluies et avant les grandes chaleurs. Pour les régions plus au sud, privilégiez décembre, janvier et février.

Incursion dans le désert du Rajasthan

L'Asie gourmande

👨‍🍳 **7 jours**

👨‍🍳 Boucle au départ de **Delhi**

Pour qui ? Pourquoi ?

✗ *Pour les voyageurs aguerris qui recherchent une expérience culturelle hors du commun. Pour rencontrer un peuple chaleureux et pour goûter à une cuisine considérée comme l'une des plus savoureuses du monde.*

Inoubliable...

✗ *Relaxer au temple bahaï du Lotus, véritable havre de paix dans le chaos de Delhi.*

✗ *Aller, à dos de dromadaire, pique-niquer dans le désert.*

✗ *Flâner au marché aux épices de Jaipur, la ville rose.*

Au pays des épices : dans le garde-manger du **nord de l'Inde**

*Selon **Ariane Arpin-Delorme***

L'Inde, un pays, un univers : l'unicité dans la diversité. Là où cohabitent les sâdhus (ascètes nomades), les stars de Bollywood, les couleurs, les odeurs, la vie, la mort... Découvrez cette mosaïque de cultures aux traditions vieilles de plusieurs millénaires et encore bien vivantes. La population d'un milliard d'habitants, aux nombreuses religions, croyances et castes, crée un réservoir inépuisable de richesses culinaires fleurant bon les épices, mais également les parfums de rose, de jasmin et de bois de santal. Si l'on ne perd jamais l'impression que quelque chose de l'Inde nous échappe, c'est peut-être que ce pays vit dans une autre dimension temporelle que la nôtre...

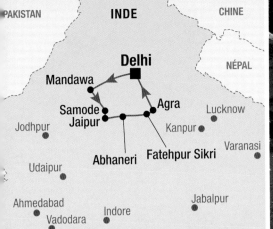

La dosa

Dégustée à toute heure du jour, la succulente crêpe *dosa* (ou *dosai*) est un mets de rue très populaire. On ergote encore sur son origine, mais ce qu'il importe de savoir, c'est qu'on la trouve souvent dans les petites échoppes ou restaurants des régions du centre et du sud du pays. Faite à base de farine de lentilles noires ou de pois chiches, elle est normalement garnie de pommes de terre, d'oignons et de *masala* (mélange d'épices). Très grande, elle est servie roulée dans l'assiette, accompagnée de chutney de coco et de tomates, ainsi que de *sambar* (légumes en sauce).

Marché aux épices, Jaipur

Temple bahaï du Lotus, Delhi

Itinéraire gourmand

Jour 1

Delhi – Visite de la ville en cyclopousse – Démonstration culinaire

Delhi se divise en deux parties, l'ancienne et la nouvelle. À bord d'un cyclopousse, partez à la découverte de la vieille ville en commençant par la mosquée la plus importante du pays, la Jama Masjid, qui peut accueillir 25 000 personnes. Arrêtez-vous au monument commémoratif Raj Ghat, pour vous recueillir devant les cendres de Mahatma Gandhi, surnommé le Père de la nation. Continuez vers New Delhi pour voir la tombe de Humayun, le Qutab ou tour de la Victoire, ainsi que la Porte de l'Inde, construite en l'honneur des soldats indiens morts à la guerre. Démonstration de la confection du fameux *paneer*, le fromage local préparé à partir de lait de bufflonne.

Jour 2

Delhi – Marché d'Azadpur – Cours de cuisine pendjabie

Parcourez le marché aux fruits et aux légumes d'Azadpur, le plus grand de ce type en Asie. Goûtez aux pommes, bananes, oranges et mangues qui y transitent avant d'être distribuées dans tout le pays, tout comme les pommes de terre, les oignons, l'ail et le gingembre. Accompagné de votre guide, choisissez méticuleusement vos ingrédients et rejoignez votre chef, afin de participer à un atelier de cuisine pendjabie. En après-midi, rendez-vous au temple bahaï du Lotus, un magnifique bâtiment en marbre empruntant la forme de cette fleur et entouré de jardins. Faites le tour des marchands dans le bazar du Vieux Delhi pour déguster différentes sucreries : *mithai*, *mohanthaal*, *besan ki barfi*…

Jour 3

Delhi – Mandawa – Cours de cuisine en famille 265 km

Les murs de plusieurs maisons de Mandawa, située au cœur de la région de Shekhawati, au Rajasthan, sont peints de fresques et font de la ville une véritable galerie d'art en plein air. Cuisinez, dans une famille indienne, des *dal baati-churma*

L'Asie gourmande

71

Marché nocturne, New Delhi

Le chai

Chay (en persan), *chá* (en mandarin) ou *chai* (en hindi), tous ces mots signifient simplement « thé », une boisson qui fait partie intégrante de la vie quotidienne de nombreux peuples européens et asiatiques. Cependant, l'appellation « thé chai » représente en fait celui servi avec du lait et une gamme impressionnante d'épices. En Inde, on fait bouillir le thé noir, provenant des plantations de Darjeeling, au Bengale-Occidental, ou de la région de l'Assam, avec un *masala* (cardamome, clou de girofle, cannelle, gingembre, anis étoilé, fenouil, poivre, voire coriandre, muscade ou cumin), du lait et du sucre. Les résidus de thé et d'épices sont ensuite filtrés. Dans la région du Cachemire, on utilise plutôt un mélange explosif d'épices en poudre, composé notamment de lentilles, de piments forts et de graines de cumin. Il est possible que le thé commandé dans la rue soit moins épicé.

L'Asie gourmande

(lentilles avec croûtons et mélange à base de blé), des *panchmel ki sabzi* (légumes épicés à la mangue en poudre amchur) *gehun ki bikaneri khichdi* (blé, lentilles, ghee, fromage *paneer* et chutney de mangue) ou du *bajra khichdi* (millet noir, lentilles jaunes, fromage *paneer* et *raïta*, une sauce à base de yogourt).

Jour 4

Mandawa – Samode – Pique-nique dans le désert – Jaipur – Visite de la ville 190 km

Samode est notamment reconnue pour ses bijoux laqués. Ne manquez pas d'admirer ses forts et ses somptueux palais, une belle halte avant d'atteindre une région aride. Chevauchez un dromadaire pour aller pique-niquer dans le désert. Jaipur, capitale pittoresque du Rajasthan, a été peinte en rose sous l'ordre d'un maharaja avant une visite du prince Albert, en 1876. Faites un saut au Musée du palais de la ville où est exposée une importante collection d'art traditionnel *rājasthāni* et moghol, de vêtements de princes royaux et de manuscrits rares.

Jour 5

Jaipur – Visite de la ville – Cours de cuisine *rājasthâni*

Commencez la journée au majestueux fort d'Amber, la « beauté dormante du Rajasthan ». Le palais est décoré de façon exquise avec de beaux piliers à chapiteaux et des fresques en trompe-l'œil. Le pavillon Sheesh Mahal est incrusté de minuscules miroirs, alors que le Jasha Mandir arbore de magnifiques mosaïques de verre et de pierres colorées, finement polies. Arrêtez-vous brièvement au Musée du turban avant le repas du midi, dans un restaurant où les chefs vous enseigneront les secrets de la cuisine *rājasthâni*, chaussons *pyaaz kachori* (farcis d'un mélange d'oignons, pommes de terre et épices), *laal maas* (cari d'agneau dans un mélange d'épices), légumes marinés *ker sangri* (baies séchées et légumineuses) et riz *gatte ki khichdi*. Poursuivez votre découverte de la ville au Palais des vents Hawa Mahal, conçu à l'origine pour permettre aux dames de la famille royale d'observer le spectacle de la rue sans être vues : une merveille architecturale de cinq étages. Bouclez la journée par la visite de l'observatoire astronomique

Puits Baori, Abhaneri

Jantar Mantar, construit par Jai Singh, en 1728.

Jour 6

Jaipur – Marché aux épices – Abhaneri – Fatehpur Sikri – Agra

265 km

Un tour du marché aux épices de Jaipur permet un voyage express au pays des couleurs et des odeurs. Faites un saut au village d'Abhaneri, connu pour son immense puits Baori et son temple Harshat Mata. Goûtez au pain *methi bajra poori*, aux dumplings de farine de pois chiches *shahi gatte* en sauce et au riz *gatte ka pulao*. Visitez la cité de Fatehpur Sikri, construite par l'empereur Akbar, il y a 400 ans. Continuez finalement vers Agra,

où vous découvrirez le Taj Mahal, une des sept merveilles du monde. Ici, la splendeur architecturale des mausolées, du fort et des palais illustre l'opulence du légendaire Empire moghol, dont Agra a été la capitale. En soirée, démonstration de fabrication de desserts, chaussons *gujia* ou *mawa kachori*, mélange de fruits séchés *badam ka halwa* et beignets *balushahi*.

Jour 7

Agra – Delhi – Ferme et jardin biologiques du centre écotouristique Ashok Country – Dîner-spectacle **210 km**

Levez-vous aux aurores pour admirer le lever de soleil sur le Taj Mahal, construit

en l'honneur de l'épouse défunte de Umtaj Mahal. Promenez-vous le long des fortifications du fort d'Agra, véritable labyrinthe de palais et mosquées de grès rouge et marbre blanc qui forme une petite ville dans la ville. Retour vers le centre Ashok Country, comprenant une ferme biologique située en pleine nature, mais non loin de Delhi. Au menu du dîner-spectacle de cette dernière soirée : un *mohan maas* (cari d'agneau dans un mélange de fruits séchés, crème, carda-mome et cannelle) accompagné de *kadhi* (pakoras de légumes dans une sauce de pois chiches et de yogourt aigrelet) et d'un dessert *ghevar* (avec du fromage *paneer*).

L'Asie gourmande

17

Kyoto

Quand y aller?

Avril est habituellement clément. C'est le moment d'admirer les cerisiers en fleurs. Encore agréable, l'automne est un peu moins touristique. L'hiver est idéal pour skier. Les étés sont très humides et les risques de typhons sont alors plus élevés.

8 jours

De **Tokyo** à **Osaka**

Pour qui? Pourquoi?

✕ *Pour s'immerger dans un bain de traditions anciennes et d'extrême modernité. Pour voyager en toute sécurité dans un environnement exotique et dépaysant. Pour goûter à une fine cuisine dans laquelle la présentation des plats est aussi importante que le contenu.*

Inoubliable…

✕ *Assister de bon matin à la criée du marché aux poissons de Tsukiji, à Tokyo, et apprendre à préparer des sashimis.*

✕ *Séjourner dans un ryokan (auberge) traditionnel à Takayama et décompresser dans les onsen (thermes).*

✕ *Partager un repas obanzai ryori à Kyoto, le haut lieu de la tradition culinaire japonaise.*

L'Asie gourmande

Le **Japon** de la tradition et de la modernité

*Selon **Ariane Arpin-Delorme***

Au fil des siècles, le Japon est demeuré attaché à ses traditions ancestrales. Les mille facettes du pays du Soleil-Levant font naître dans notre esprit des images qui, pour être parfois contradictoires, sont toujours fascinantes. L'histoire lui a laissé de majestueux sanctuaires *shintô*, des maisons de samouraïs au toit de chaume et des geishas en kimono à l'entrée des maisons de thé du quartier de Gion, à Kyoto. Son présent lui offre des cités ultramodernes où tout est automatisé et des trains Shinkansen à très grande vitesse. Entre le passé et l'avenir, l'élégante gastronomie de Tokyo et celle, éclectique, d'Osaka.

74

Mer du Japon

Shirakawa-go   Takayama

Kyoto   **Tokyo**

Hiroshima
Kobe   Nagoya
Osaka   Yokohama

Fukuoka

Kumamoto

Océan
Pacifique

Shibuya, Tokyo

Shirakawa-go

La fondue shabu-shabu

Le *shabu-shabu*, un plat hivernal réconfortant, est inspiré de la fondue pékinoise, le *shuan yang rou*. On fait cuire la viande tranchée finement (surtout du bœuf, parfois du porc) dans un bouillon sur un réchaud au centre de la table, auquel on ajoute des légumes crus. Le terme *shabu-shabu* proviendrait du son que fait la viande lorsqu'elle est plongée dans le bouillon. Le tout est accompagné de nouilles de blé *udon* et de sauces *ponzu* (à base d'agrumes) et *goma-dare* (au sésame).

Itinéraire gourmand

Jour 1

Tokyo – Cours de cuisine

Commencez votre initiation à la culture japonaise en parcourant Shinjuku's Memory Lane, une ruelle bordée de restaurants animés et de bars remontant aux années 1940. C'est encore l'un des meilleurs endroits pour goûter les plats emblématiques de la ville, dont les *yakitori* (brochettes de poulet grillé). Aventurez-vous dans le quartier de Shibuya pour observer le fourmillement humain en sirotant tranquillement un thé ou un café. Plus tard, partez à la découverte du temple Meiji

Jingu et du quartier voisin de Harajuku, la capitale de la culture manga, où vous pourrez essayer, comme les jeunes Japonais, de vous démarquer avec des vêtements et des coiffures excentriques.

Jour 2

Tokyo – Cours de cuisine

Faites une croisière matinale sur le fleuve Sumida. Apprenez ensuite l'art de créer des *soba*, ou nouilles de sarrasin, dans un cours de cuisine. En après-midi, visitez le quartier historique d'Asakusa, l'un des secteurs les plus anciens et les plus traditionnels de Tokyo. Visitez le temple Senso-ji, fondé il y a près de 1400 ans, alors que Tokyo n'était qu'un village de pêcheurs. Asakusa est l'endroit idéal pour satisfaire votre rage de sucre : essayez

les pommes de terre frites auxquelles on ajoute du sucre, de la sauce de soja et du *mirin* (alcool de riz sucré). Parcourez les nombreuses boutiques d'articles de cuisine de la rue Kappabashi. Rendez-vous ensuite à Tsukishima pour goûter l'un des plats les plus populaires de Tokyo, le *monjayaki*. Ne vous laissez pas rebuter par l'aspect peu appétissant de cette crêpe salée : elle est délicieuse! En fin de journée, profitez de la vue imprenable qu'on a du pont d'observation du bâtiment du gouvernement métropolitain.

Jour 3

Tokyo – Marché de Tsukiji – Atelier de sushis 🚌 Takayama 300 km

À l'aube, assistez à la criée aux poissons à l'incroyable marché de Tsukiji avant de

L'Asie gourmande

Bœuf *hida-gyu*

Marché de Tsukiji, Tokyo

Cérémonie du thé

Le fugu, poisson venimeux

Les Japonais raffolent du *fugu*, malgré son goût assez fade! Il peut se manger en sashimis (tranches translucides, très fines) que l'on humecte d'une sauce pimentée et agrémentée de ciboulette ou bien en soupe *chirinabe*. La tétrodotoxine, présente dans son organisme, est un poison mortel pour l'homme. La préparation du *fugu* est donc tout un art et est réservée aux chefs certifiés qui ont suivi une formation très pointue. Ils doivent peler et fileter le poisson encore vivant, en prenant soin de ne pas percer le foie et les gonades où se trouve le poison. Si le *fugu* est consommé depuis au moins 2300 ans par les peuples du Pacifique, il n'y a que le Japon pour lui conférer ses lettres de noblesse et créer tout un folklore autour de lui. Un plat de *fugu* coûte 5 000 yens (environ 60$CAN ou 40€), mais l'addition peut atteindre des dizaines de milliers de yens dans les meilleures adresses de la capitale nippone.

Sashimis de *fugu* et feuilles de *shiso*

participer à un atelier de confection de sushis et de déguster des sashimis on ne peut plus frais. Montez à bord du train rapide Shinkansen, capable d'atteindre 270 km/h, pour vous rendre à Takayama, au cœur des Alpes japonaises. Goûtez le bœuf *hida-gyu* et le *wasabi* de Takayama (un condiment fort qui s'apparente au raifort) dans un des restaurants traditionnels de la ville. Faites un arrêt dans une brasserie de saké, le temps d'une dégustation. Logez dans un *ryokan* (auberge) typique et détendez-vous dans un *onsen* (thermes). Profitez de votre séjour pour essayer quelques plats régionaux, comme les *mitarashi dango* (boulettes de pâte de riz rôties dans une sauce de soja) et les *chuka soba* (nouilles de blé ou de sarrasin).

Jour 4
Takayama – Marché – Cours de cuisine – Shirakawa-go – Takayama 100 km

La préfecture de Gifu, en haute altitude, est reconnue pour ses excellents légumes. En matinée, flânez dans les marchés et profitez de l'occasion pour goûter des sakés, des produits saisonniers provenant de la campagne environnante (tomates *kashu*, radis blanc, légumes *hoba miso* enroulés dans des feuilles de magnolia fraîches) et des sucreries comme les bonbons au soja *genkotsu ame* et les guimauves *owara tamaten*. Admirez la splendide architecture de la vieille ville. Profitez ensuite d'un cours de cuisine locale pour apprendre à apprêter vos trouvailles du matin. En après-midi, visitez le village historique de Shirakawa-go, véritable musée en plein air qui met en vedette les typiques habitations coiffées de toits de chaume de la région. Découvrez les techniques utilisées pour construire des fermes qui doivent résister à de rudes hivers.

Jour 5
Takayama 🚄 Kyoto – Cérémonie du thé dans un temple 265 km

Train vers Kyoto, cœur culturel du Japon. Vivez l'expérience unique d'une cérémonie du thé privée au temple Korin-in ou Gesshin-in, en kimono de soie traditionnel.

L'Asie gourmande

Quartier de Dotonbori, Osaka

Jour 6

Kyoto – Restaurant spécialisé dans le tofu

Commencez votre découverte de Kyoto par la visite du quartier historique de Gion, le meilleur endroit pour croiser une geisha. Ne manquez pas le sanctuaire *shintô* de Yasaka-jinja, lieu de prédilection pour la célébration des mariages. Marchez ensuite sur le chemin de la Philosophie Tetsugaku-no-michi pour profiter des superbes panoramas de la vallée, où nichent plusieurs temples bouddhiques et sanctuaires *shintô*. En soirée, offrez-vous une expérience gastronomique sublime dans un des nombreux restaurants spécialisés dans le tofu qui font la réputation de Kyoto.

Jour 7

Kyoto – Cours de cuisine

Gravissez la colline et marchez sous les 10 000 *torii* (portails) rouge vif de l'impressionnant temple Fushimi Inari-taisha. Kyoto est reconnue comme le centre de la tradition culinaire japonaise. Appréciez les plaisirs simples mais raffinés des plats de l'*obanzai-ryori* pendant un atelier de cuisine. Au moins la moitié des ingrédients de ce repas saisonnier doivent être *kyo-yasai*, c'est-à-dire provenir de Kyoto. En après-midi, partez à vélo vers l'ouest de la ville en longeant la rivière Kamo et les jardins de fleurs. Faites la visite de l'incontournable pavillon doré de Kinkaku-ji. Continuez vers l'impressionnante forêt de bambous Arashiyama et le

temple Tenryu-ji, après vous être arrêté le temps de savourer une crème glacée au thé matcha.

Jour 8

Kyoto – Marché de Nishiki 🚃 Osaka 60 km

Parcourez le marché de Nishiki, véritable paradis des gourmands. Goûtez les légumes marinés, le riz fermenté, les délicieuses sucreries colorées *kyo-wagashi* et le tofu. Arrêtez dans une boutique de couteaux forgés à la main. Prenez ensuite le train vers Osaka. Visitez le château d'Osaka, le quartier de Dotonbori et la vieille ville de Shinsekai. Laissez-vous tenter par la riche cuisine de rue de la capitale gastronomique non officielle du Japon.

L'Asie gourmande

🍴 **Quand y aller ?**
Les festivals sont concentrés en janvier et février, mais le meilleur temps pour séjourner en Malaisie est de mars à début octobre. La période de la mousson sur la côte est va de la fin novembre à la mi-février, tandis que sur la côte ouest, elle couvre les mois de septembre et octobre.

Manoir Cheong Fatt Tze, Penang

L'Asie gourmande

🍴 **7 jours**

🍴 De **Kuala Lumpur** à **Penang**

....

Pour qui ?
Pourquoi ?

✕ *Pour les amateurs de culture et de grande nature. Pour aller à la rencontre d'un peuple sympathique, apprivoiser diverses cultures et goûter une cuisine variée.*

....

Inoubliable...

✕ *Admirer l'architecture et les peintures murales de George Town sur l'île de Penang, en cyclopousse.*

✕ *Rencontrer des membres de la prospère communauté chinoise de Kuala Lumpur, du côté de la rue Petaling.*

✕ *Goûter à la cuisine de rue sur l'île de Penang.*

La perle de l'Orient : le bouillon de culture de la **Malaisie**

Selon **Ariane Arpin-Delorme**

Véritable bouillon de cultures avec plus de 130 langues parlées, 3 alphabets différents et 4 religions principales, la Malaisie a un patrimoine unique qui se reflète dans sa cuisine. Ses principales influences viennent surtout de l'Inde, de la Chine et du Moyen-Orient, mais l'apport européen n'est pas négligeable. Cette savoureuse cuisine se découvre dans des marchés odorants, lors d'ateliers où l'on met la main à la pâte, de repas servis au restaurant ou, plus simplement, dans la rue. Une vraie célébration des sens!

Les cyclopousses, ou *beca* en malais, des carrioles tirées par un cycliste, pullulent en Asie du Sud-Est. D'origine probablement japonaise, ils auraient été introduits en Malaisie dans les années 1930. Les cyclopousses ouverts à trois roues (parfois aussi appelés *trishaw*, *pedicab* ou *becak*) sont rapidement devenus un mode de transport très populaire sur l'île de Penang. Aujourd'hui, ils sont surtout associés au tourisme. On les utilise quand même souvent pour transporter de la marchandise, et ils servent même d'étal ambulant pour la nourriture. Ici, ils ont envahi les centres urbains, à tel point que les gouvernements essaient de bannir cyclopousses et triporteurs motorisés des artères principales.

Riz au poulet *hainan*

Cendol

Bazar nocturne, Kuala Lumpur

Itinéraire gourmand

Jour 1

Kuala Lumpur – Quartier chinois – Marché local – Cours de cuisine – Bazar nocturne – Dîner-spectacle

Flânez au marché du quartier chinois pour trouver les ingrédients nécessaires à votre premier atelier de cuisine malaise. L'apprentissage de la préparation de plats typiques vous donnera un aperçu de la culture et de la structure sociale du pays. Déjeunez dans un étal au rez-de-chaussée de la cour du Lot 10 Hutong. Ce paradis des gourmets abrite une trentaine de restaurants, certains établis depuis des générations. Vous aurez l'embarras du choix : riz au poulet d'argile, huîtres frites, nouilles *hokkien* avec boulettes de bœuf ou langoustines, *kong tai* de Singapour ou au bœuf *soong kee*, canard rôti, riz au poulet *hainan*... Poursuivez vers le bazar en plein air du quartier chinois. En soirée, au dessert, essayez les bananes frites *goreng pisang*.

Jour 2

Kuala Lumpur – Quartier indien – Tours jumelles Petronas

Rendez-vous à Brickfields, où les sons et les parfums de ce quartier indien vous envoûteront. Visitez le temple tamoul Sri Maha Mariamman. Déjeunez au restaurant Passage Through India qui se targue de recréer l'authentique cuisine indienne. Participez à une visite guidée des tours jumelles Petronas, puis prenez votre repas du soir avec vue, au Marini's On 57, un restaurant italien qui témoigne du caractère cosmopolite de Kuala Lumpur.

Jour 3

Kuala Lumpur – Penchala – Cours de cuisine à l'école La Zat

Partez vers les collines de Penchala en direction de l'école de cuisine La Zat où l'on vous apprendra à maîtriser le wok. Commencez par une visite du marché local pour vous procurer piments oiseaux ou thaï, curcuma frais, citronnelle, ainsi que

L'Asie gourmande

79

George Town

Cuisine de rue, Penang

Temple Wat Chayamangkalaram

Un thé à la galerie d'art Unique Penang

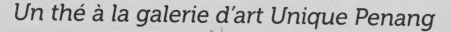

Vous tomberez certainement sous le charme de Clovis et Joey, un jeune couple d'artistes très talentueux, qui tient une petite galerie d'art dans le vieux George Town. Ils y proposent leurs peintures et photographies, mais aussi un chouette concept d'écriture de cartes postales dessinées par des enfants, qu'ils se chargent de poster pour leurs visiteurs. Issus du monde du cinéma, ils sont revenus aux sources pour faire découvrir aux voyageurs les coins cachés de Penang. Profitez-en pour prendre un thé avec eux et rencontrer le voisinage.

L'Asie gourmande

feuilles de cari ou de lime kaffir. Dégustez la cuisine malaise au Bijan Bar, où les recettes traditionnelles sont revisitées avec un accent moderne.

Jour 4

Kuala Lumpur ✈ Île de Penang – George Town – Marché

Volez vers l'île de Penang, capitale gastronomique du pays. Explorez les ruelles secrètes et les superbes édifices anciens de George Town, dont l'église de l'Assomption, le vieux fort Cornwallis et l'horloge centrale. Marchez le long des villages flot-

tants de pêcheurs chinois. Dans le plus ancien restaurant musulman indien de la ville, vous aurez l'occasion de goûter l'*assam laksa* (riz aux nouilles dans une soupe de poisson aigre), le *char kuey teow* (sauté de nouilles au riz) et le *murtabak* (galettes fourrées à la viande). Arrêt à l'un des plus anciens marchés de Penang, où les étals débordent de fruits de mer et de fruits (ramboutan, mangoustan, *dukong*, etc.). Si vous êtes friands de desserts, plongez dans un bol de *cendol* (copeaux de glace avec bandes de pâte verte et haricots rouges dans du lait de coco). Goûtez à des boissons non alcoolisées comme le *teh tarik*, un thé au lait sucré, considéré comme la boisson nationale.

Jour 5

Île de Penang – Quartier de la Petite Inde – Marché nocturne

Prenez votre petit déjeuner au Kopitiam, l'un des plus anciens cafés malais-chinois de la ville, et commandez le *nasi lemak* (riz cuit au lait de coco et à la pâte de chili, accompagné d'un œuf à la coque). Découvrez le quartier indien où vivent surtout des Indiens du Tamil Nadu. Goûtez aux *apom manis* (crêpes à base de lait de coco) et aux *apam balik* (crêpes d'arachides croquantes). Faites un arrêt à une boutique de *mee ko* (petits pains vapeur en forme de tortue). Dirigez-vous vers la Maliia Bakery qui sert, depuis 1928, le meilleur *roti bengali* (pain indien) en ville. On plonge le *roti* dans le *chai*, ou le tartine

Village flottant de pêcheurs, Penang

de beurre ou de confiture de noix de coco. Terminez la journée par une balade dans un marché nocturne.

Jour 6

Île de Penang – Cours de cuisine dans un jardin d'épices – Temple Wat Chayamangkalaram

Commencez la journée à la boulangerie familiale Leong Chee Kee Biscuits. Située dans le quartier chinois, elle est réputée pour ses tartes à la noix de coco, ses gâteaux aux œufs et ses biscuits au poivre. Participez à un atelier de cuisine au jardin d'épices tropicales surplombant le détroit de Malacca. Avant de passer en cuisine, faites une visite guidée du jardin où les arômes délicats vous enchanteront. Faites ensuite

un saut au coloré temple bouddhique thaï Wat Chayamangkalaram. Attablez-vous finalement au restaurant Suffolk House, logé dans un manoir construit au début du XIXe siècle, où ont habité les gouverneurs britanniques de Penang.

Jour 7

Île de Penang – Manoir Cheong Fatt Tze – Manoir Pinang Peranakan – Murales ✈ Kuala Lumpur

Visitez le manoir Cheong Fatt Tze, symbole du passé de Penang. Cette impressionnante maison bleu indigo, qui compte plus d'une trentaine de pièces, a été construite par un marchand chinois, à la fin du

XIXe siècle. En 2000, elle a été primée par l'UNESCO pour sa splendide restauration. Poursuivez par la visite d'un autre manoir bien conservé, celui de Pinang Peranakan, à la façade vert jade. Aujourd'hui un musée, il renferme plus de 1000 antiquités. Partez en cyclopousse à la rencontre de l'oncle Lim qui, selon une légende locale, fabrique à la main des rouleaux de printemps *poh piah* depuis un demi-siècle. Enfin, dernier tour de piste à la découverte des peintures murales de George Town. Ce projet novateur, connu sous le nom de « Miroirs of George Town », a été réalisé en 2012. Terminez votre journée avec un dîner à la Macalister Mansion, qui sert une cuisine fusion moderne dans un manoir anglais au décor classique, rehaussé de mobilier coloré et d'œuvres d'art ludiques.

L'Asie gourmande

81

L'Asie gourmande

♟ **Quand y aller ?**

Quoique plutôt humide, le climat de Singapour est assez constant tout au long de l'année. Pour une visite optimale, choisissez les mois de mars à août, et surtout de juin à août, à la fin de la saison sèche.

Quartier chinois

👕 **4 jours**

👕 Séjour à **Singapour**

. . . .

Pour qui ?
Pourquoi ?

✗ *Pour les amateurs de lèche-vitrine aussi bien que de découvertes culturelles et gastronomiques. Pour explorer des espaces verts insoupçonnés, des réserves protégées à la jungle.*

. . . .

Inoubliable…

✗ *Se promener parmi les « super arbres » des Gardens by the Bay, un exemple de complexe écologique durable.*

✗ *Se faire confectionner des vêtements sur mesure dans le quartier arabe.*

✗ *Découvrir l'ArtScience Museum, dont l'édifice ressemble à une fleur de lotus ouverte, ou l'Esplanade – Theatres on the Bay, un complexe culturel qui rappelle la forme du durian.*

Le kaléidoscope culturel de **Singapour**

*Selon **Ariane Arpin-Delorme***

Ville à la fois avant-gardiste et hyper réglementée, où règnent bon goût, design et raffinement, Singapour ressemble à son mythe. Du quartier chinois au quartier indien, en passant par le quartier malais et les influences anglaises, elle constitue un véritable kaléidoscope culturel. Et sa cuisine est à l'avenant : mixte, colorée, parfumée et savoureuse. Une expérience en soi! Respectez les consignes strictes (interdit de mâcher de la gomme, de cracher par terre, de manger ou de boire dans le métro…), mais prenez bien le temps de savourer la ville. Elle le vaut bien.

Murtabak

Ondeh ondeh

Shophouses

Les étroites et colorées *shophouses*, que l'on surnomme parfois les *painted ladies*, abritaient traditionnellement un commerce au rez-de-chaussée : salon de thé, galerie d'art, boutique d'herbes médicinales, restaurant… Aux étages supérieurs, les appartements étaient souvent habités par plusieurs générations d'une même famille. Aujourd'hui, pour la plupart bien restaurées et impeccablement entretenues, ces *shophouses* sont occupées par des bureaux ou des commerces de luxe. Un délice pour les amateurs d'architecture.

Itinéraire gourmand

Jour 1

Singapour – Quartier arabe – Quartier chinois

Dans le quartier de Kampong Glam, admirez la majesté tranquille de la mosquée du Sultan, surmontée d'un dôme doré. Promenez-vous le long de la rue arabe, qui était un centre important de l'industrie textile pendant les années 1950-1960. Profitez-en pour vous faire confectionner un vêtement sur mesure. Déjeunez sur le pouce d'un des plats vendus dans la rue, comme le *murtabak* (une crêpe épicée fourrée aux légumes ou à la viande hachée) ou l'*ayam goreng* (poulet frit dans l'huile de noix de coco). Voyagez au cœur du quartier chinois, entre tradition et modernité, et admirez les anciennes *shophouses*, ces constructions traditionnelles qui comptaient un commerce au rez-de-chaussée et des habitations familiales aux étages. Ne manquez pas de visiter quelques-unes des incroyables pagodes chinoises aux plafonds en teck. Chaque entrée est munie d'une importante cuve en bronze où l'encens brûle constamment. Dînez à nouveau de cuisine de rue (ou *hawker food*, comme on l'appelle ici) en vous baladant d'un kiosque ambulant à l'autre : vous pourrez alors déguster les spécialités locales, comme les boules de riz au poulet, le *bak kut teh* (soupe de côtes levées de porc) ou le chili de crabe.

L'Asie gourmande

Quartier indien

Préparation du chili de crabe

Hôtel Raffles

Nasi lemak

L'Asie gourmande

Siroter un Singapore Sling à l'hôtel Raffles

Ne manquez pas de visiter le grandiose hôtel colonial Raffles, d'un blanc éclatant. Entourée d'arbres du voyageur, l'entrée est gardée par des portiers sikhs en costume immaculé. Le nom de l'hôtel rend hommage à l'Anglais Thomas Stamford Raffles qui a fondé, en 1819, un poste de commerce qui deviendra Singapour. Ne manquez pas de commander le fameux *Singapore Sling* au Bar & Billiard Room de l'hôtel. Ce cocktail à base de gin a été inventé vers 1915, par un barman chinois de l'hôtel Raffles, Ngiam Tong Boon. La recette du *Singapore Sling* a connu plusieurs variantes, mais il est habituellement composé de gin, de liqueur de cerise, de sirop de grenadine, de triple sec, ainsi que de jus de citron et d'ananas, avec quelques gouttes d'angostura et de l'eau pétillante.

Jour 2

Singapour – Maxwell Road Hawker Centre – Quartier indien

Découvrez le célèbre Maxwell Road Hawker Centre qui propose une grande variété de plats chinois, comme le poulet tendre et juteux *tian tian*, la crêpe *weng* farcie d'arachides broyées et le *ondeh ondeh*, un gâteau de tapioca moelleux, cuit à la vapeur et recouvert de copeaux de noix de coco fraîchement râpés. Poursuivez votre balade dans le quartier indien pour y visiter un temple tamoul où les couples viennent demander aux sâdhus de prier pour eux. Attrapez au passage une crêpe *dosa masala*, spécialité du sud de l'Inde, une des vedettes de la cuisine de rue du quartier. Garnie d'un mélange de pommes de terre, d'oignons et d'épices *masala*, elle est faite à base de farine de pois chiches. Visitez aussi l'étonnant temple hindou de Sri Mariamman, le plus ancien de la ville. Les ruelles animées du quartier sont bordées d'une multitude de boutiques d'articles religieux et de guirlandes de fleurs, d'épices aromatiques, de légumes et de caris épicés. Terminez votre visite au multiculturel Tekka Centre, où convergent plusieurs communautés ethniques. En plus d'une vaste aire de restauration, vous y trouverez des vendeurs chinois, indiens et malais qui écoulent leurs marchandises (vêtements, quincaillerie, bijoux, etc.).

Gardens by the Bay

L'Asie gourmande

Jour 3

Singapour – Gardens by the Bay

Le projet écologique avant-gardiste des Gardens by the Bay (Jardins sur la baie) s'étend sur plus de 1 km² et constitue l'un des endroits les plus spectaculaires d'Asie. Ses 18 énormes arbres artificiels, appelés « *supertrees* », sont fabriqués entièrement de matières recyclées et ont tous un but bien particulier : récolter et filtrer les eaux usées, créer du compost pour le transformer en engrais, fournir une partie de la ville en électricité par leurs panneaux solaires, etc. Le tronc de chaque arbre est garni de plantes tropicales et, tout près, deux immenses biodômes vitrés abritent de nombreuses espèces de plantes. Le dôme des fleurs reproduit le climat sec de la Méditerranée et de l'Afrique du Sud, alors que celui de la forêt tropicale reflète le climat frais et humide des régions montagneuses, comme le mont Kinabalu, sur l'île de Bornéo, et les régions en haute altitude de l'Amérique du Sud. Terminez la journée en beauté et goûtez aux rouleaux de printemps *popiah* ou aux nouilles *hokkien rojak*.

Jour 4

Singapour – Centres commerciaux

Singapour est renommée pour ses dizaines de centres commerciaux extravagants. Même si ce n'est que pour voir les œuvres d'art gigantesques qui s'y trouvent, ils valent le détour! The Shoppes at Marina Bay Sands abrite un large canal où gondoles vénitiennes transportent les visiteurs d'un lieu à l'autre, tandis que le Millenia Walk, situé à proximité, renferme un centre de ski! Vous aurez aussi la chance de trouver, dans ces centres commerciaux, des aires de restauration proposant toute la gastronomie de Singapour. Essayez des mets indo-malais comme du *nasi lemak*, un plat de riz cuit dans du lait de coco et servi avec des anchois, des arachides et un œuf dur, ou le *mee rebus*, une soupe de nouilles dans un bouillon de patates douces et de crevettes. Après ces visites, traversez le Helix Bridge, un étonnant pont piétonnier dont la forme rappelle la double hélice de l'ADN, pour aller admirer deux icônes architecturales avant-gardistes de Singapour : l'ArtScience Museum, en forme de lotus ouvert, et le complexe culturel Esplanade – Theatres on the Bay, dont la structure évoque l'extérieur épineux du durian, cet imposant fruit asiatique.

Wat Pho, Bangkok

♨ Quand y aller ?
Idéalement de décembre à mars. Avril est plus chaud. Évitez la saison de la mousson, qui s'étire de mai à octobre et atteint son paroxysme d'août à octobre.

🍽 **L'Asie gourmande**

👨‍🍳 **8 jours**

👨‍🍳 De **Bangkok** à **Chiang Rai**

Pour qui ? Pourquoi ?

✗ *Pour en apprendre davantage sur le bouddhisme. Pour sortir des sentiers battus dans le nord-est du pays, au départ de Chiang Rai. Pour goûter à une gastronomie saine et relevée.*

Inoubliable...

✗ *Faire la tournée des vendeurs ambulants de Bangkok pour essayer la cuisine de rue.*

✗ *Sillonner en barque le marché flottant d'Amphawa à 90 km au sud de Bangkok.*

✗ *Découvrir le temple blanc Wat Rong Khun, à Chiang Rai, et le temple noir Baan Dam, dans la campagne.*

Sourires de
Thaïlande

*Selon **Ariane Arpin-Delorme***

De la vibrante Bangkok aux rizières du nord, la découverte de la Thaïlande vous éblouira. Véritable carrefour de traditions colorées et de croyances bien ancrées, malgré l'omniprésence du tourisme, la Thaïlande est peuplée de gens souriants et accueillants. Visitez de splendides temples bouddhiques nimbés d'une aura spéciale qui impressionne même les non-croyants, tout en profitant du silence qui y règne. Dégustez une cuisine variée qui se démarque de celles des pays voisins par l'ajout de cari et d'herbes fraîches, comme la menthe, la citronnelle, la coriandre et le basilic rouge.

Marché flottant d'Amphawa

Sukhothai

Le khantoke et la cuisine du nord

Le *khantoke* est un plateau de service en bois utilisé traditionnellement pour servir les aliments lors de célébrations spéciales. Aujourd'hui, le terme fait plus généralement référence à la savoureuse cuisine de l'ancien royaume Lanna, dans le nord de la Thaïlande. Il est habituellement composé d'une douzaine de plats, dont le *gai tod* (poulet frit), le *nam prik ong* (porc effiloché à la sauce tomate épicée au chili), le *kaeng hang ley* (cari de porc au gingembre dans une sauce au tamarin), le *nam prik noom* (pâte de piments verts grillés), de légumes crus au vinaigre, de légumes sautés et de nouilles de riz croustillantes.

Itinéraire gourmand

Jour 1

Bangkok – Visite de ville – Kiosques de vendeurs ambulants

Prenez le pouls de la ville en circulant sur les *klongs* (canaux) ou sur le Chao Phraya à bord des bateaux publics. En chemin, visitez le Wat Arun et le marché aux fleurs Pak Klong Talad. Ne manquez pas le palais royal, qui abrite le temple du Bouddha d'Émeraude, ni de faire un arrêt au Wat Pho, renommé pour ses massages et dans lequel se trouve un grand bouddha couché. Au moment du repas, goûtez le *gai med*

ma muang (poulet aux noix de cajou grillées, sauce de soja sucrée, oignons, chilis, poivrons, carottes, champignons et miel) accompagné de *khao pad* (riz sauté avec œufs, oignons et herbes fraîches).

Jour 2

Bangkok – Marché de Mae Klong – Marché flottant d'Amphawa 185 km

Découvrez le marché de Mae Klong et son impressionnante offre de fruits de mer. Ce marché pour le moins original est installé directement sur les abords d'une voie ferrée, et les commerçants déplacent rapidement leurs marchandises entre deux passages de trains. Puis direction Amphawa, à l'ouest. Juste avant le coucher du soleil, circulez sur les canaux dans une

barque en bois et profitez du marché de soirée flottant qui propose fruits exotiques, légumes, viandes, poissons, épices et pâtes de cari.

Jour 3

Marché flottant d'Amphawa – Ayutthaya – Bangkok – Dîner-spectacle 310 km

Balade matinale dans le marché flottant d'Ampahawa. Départ pour Ayutthaya, l'ancienne capitale du royaume de Siam. Les rangées de bouddhas ayant perdu leur tête au temple Wat Phra Mahathat et ceux qui sont enveloppés de racines de banian

Naem

Cari rouge *gaeng daeng*

La street food *en Thaïlande, un art de vivre!*

Des brochettes *satay* de porc aux caris verts ou rouges, des populaires plats de nouilles *pad thaï* aux *rotis* garnis de crème fouettée servis au dessert en passant par les jus fraîchement pressés, on se régale dans les rues de Bangkok. C'est l'occasion rêvée de goûter à tout et d'être dans le feu de l'action! Il y aurait plus 400 000 marchands ambulants à Bangkok, qui servent non seulement des mets traditionnels, mais aussi une foule de souvenirs (dont des articles de contrefaçon), de l'artisanat, des jouets… L'occasion idéale de faire ses dernières emplettes avant le retour à la maison.

L'Asie gourmande

confèrent une ambiance unique au site. Dégustez le fameux *roti sai mai*, une fine crêpe enrobée d'une sucrerie effilochée similaire à la barbe à papa. Retour vers Bangkok et dîner-spectacle au Mandarin Oriental.

Jour 4
Bangkok – Phitsanulok – Sukhothai – Marché de nuit
435 km

Prenez le train vers Phitsanulok, puis la route vers Sukhothai, classée au patrimoine mondial de l'UNESCO. En soirée,

arpentez le fascinant marché nocturne. Ne manquez pas de goûter aux *guay tiao ruea* (« nouilles bateau »), et ajoutez-y quelques légumes cuits à la vapeur servis avec une sauce *nam phrik* bien relevée.

Jour 5
Sukhothai – Visite du site à vélo – Séjour en famille

Enfourchez votre vélo pour explorer les ruines du vieux Sukhothai. Logez dans une maison traditionnelle, où vous pour-

rez partager le quotidien d'une famille et apprendre à cuisiner le cari rouge *gaeng daeng* (morceaux de bœuf ou de poulet, pâte de cari rouge, lait de coco, le tout parsemé de feuilles de lime kaffir) accompagné de riz au jasmin et d'une salade de papaye verte épicée *som tum*.

Jour 6
Sukothai – Chiang Mai – Ferme de champignons – Cours de cuisine – Dîner traditionnel *khantoke* 300 km

Poursuivez vers le nord-ouest. Faites un arrêt à une coopérative de cultivateurs afin d'y visiter une ferme de champignons et de participer à un atelier de cuisine thaïe du

Temple blanc Wat Rong Khun

nord. Prenez ensuite un traditionnel dîner festif *khantoke* (voir l'encadré) dans l'un des nombreux restaurants qui proposent cette formule.

Jour 7

Chiang Mai – Chiang Rai – Temple blanc Wat Rong Khun 200 km

Petit déjeuner de riz collant sucré et de crème pâtissière aux œufs. Cap ensuite sur Chiang Rai. Ne manquez pas le temple blanc Wat Rong Khun, œuvre de Chalermchai Khositpipat. Spectaculaire mélange de dentelle blanche, de mythologie bouddhiste et d'icônes de la culture pop, sa construction, commencée en 1997, se poursuit encore et devrait s'étirer sur plus de 60 ans.

Jour 8

Chiang Rai – Cours de cuisine – Temple noir Baan Dam – Chiang Rai 20 km

Atelier de cuisine où vous apprendrez notamment comment préparer la fameuse soupe épicée *tom yum goong* (crevettes, citronnelle, chilis, galanga, feuilles de kaffir, échalotes, jus de lime, champignons et sauce de poisson). Départ pour la maison noire, Baan Dam, de l'artiste Thawan Duchanee (1939-2014). Son art lui a valu une renommée internationale, mais aussi une réputation controversée en Thaïlande, notamment en raison de l'inspiration qu'il tirait de la nature morte : meubles et sculptures en cornes et crânes de buffles, peaux de crocodiles, serpents, tigres, ours et

vaches, carapaces de tortues, mâchoires de requins... Profitez de votre dernière soirée dans la région pour essayer le *naem*, une saucisse aigre faite de porc fermenté, enveloppée dans une feuille de bananier et cuite à la vapeur.

L'Asie gourmande

89

Quand y aller ?
Située sous l'équateur, l'Indonésie se visite idéalement de mai à octobre. Juillet, en plein congé scolaire, risque d'être très occupé. Évitez aussi janvier et février, lorsque les touristes se font très nombreux.

Temple de Borobudur

9 jours

De **Yogyakarta (île de Java)** à **Jimbaran (île de Bali)**

L'Asie gourmande

**Pour qui ?
Pourquoi ?**

Pour les voyageurs qui désirent s'immerger dans un bain de cultures, de religions et de traditions diverses. Pour profiter de paysages époustouflants et marcher au milieu des volcans. Pour rencontrer un peuple accueillant et goûter une cuisine diversifiée.

Inoubliable...

Marcher au milieu des rizières de Sidemen, un endroit idyllique et peu fréquenté.

Visiter le temple bouddhique de Borobudur, l'un des plus imposants au monde.

S'initier aux arts javanais dans la cité de Yogyakarta.

La cuisine des dieux en
Indonésie

Selon **Ariane Arpin-Delorme**

Habité par une mosaïque humaine unique, le chapelet d'îles indonésiennes forme le plus grand archipel du monde (plus de 13 000 îles!). Découvrez la variété d'écosystèmes et la diversité des paysages qui y règnent. Prenez la route des volcans de Java, en visitant au passage de majestueux temples bouddhiques et hindous. Parcourez ensuite Bali, l'île des dieux, dont les panoramas infinis de rizières verdoyantes et les cérémonies religieuses hautes en couleur font rêver tous les voyageurs. Cet éventail de merveilles naturelles, de diversité culturelle, de coutumes ancestrales et de rites religieux a assurément marqué la cuisine indonésienne.

Théâtre de marionnettes, Yogyakarta

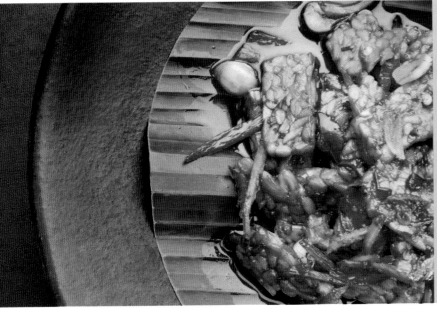

Tempeh

À base de fèves de soja jaunes fermentées, le *tempeh* est l'aliment indonésien de base depuis des siècles. Les fèves de soja sont d'abord cassées en deux pour mieux en retirer la peau. Elles sont ensuite bouillies et écrasées pour en faire une galette compacte avant d'être ensemencées par un champignon, enclenchant ainsi le processus de fermentation qui dure environ 24 heures. Au final, on obtient un bloc ferme à la texture de nougat, présentant des filaments blancs qui rappellent la croûte d'un fromage vieilli. Le *tempeh* est souvent tranché et frit. Il est alors très bon servi avec une sauce aux arachides. Différent du tofu en raison de la fermentation, il est riche en vitamines, minéraux et probiotiques, mais pauvre en lipides. On peut aussi le manger avec des céréales (blé, orge, avoine), des lentilles, des haricots rouges ou blancs, des arachides ou même avec de la noix de coco.

Itinéraire gourmand

Jour 1

Yogyakarta

Baladez-vous dans Yogyakarta, carrefour culturel de l'île de Java et cité du sultan, le protecteur des arts traditionnels dont il doit assurer la pérennité (danse, musique des orchestres de *gamelan* – un ensemble d'instruments de percussion –, théâtre de marionnettes). Visitez ses palais entourés d'immenses banians. Admirez les hauts plafonds en bois de teck sculpté et les danseuses apsaras en pierre. Explorez les jardins de Taman Sari, où le sultan épiait jadis ses concubines au moment de leur bain dans les bassins aux eaux turquoise, avant d'arrêter son choix sur l'une d'elles.

Visitez une école de batik, où vous pourrez observer les maîtres enseigner cet art du dessin sur étoffes. À la tombée de la nuit, faites la tournée des petits kiosques de rue pour apprivoiser la délicieuse cuisine indonésienne. Vous pourrez notamment y goûter à l'*ayam goreng*, un poulet épicé frit dans de l'huile de coco.

Jour 2

Yogyakarta – Kotagede – Boulangerie – Marché – Temple bouddhique de Borobudur – Yogyakarta 95 km

Direction Kotagede, le district des artisans en argenterie. Prenez votre petit-déjeuner dans une boulangerie traditionnelle, où l'on pourra vous expliquer le processus de fabrication du *kembang waru* (un petit gâteau semblable aux muffins) et du *kipo*, une collation populaire composée de riz collant, de noix de coco grillée et de cassonade. Poursuivez votre visite au marché local. Arrêtez-vous dans un *warung* (petit restaurant ou café familial), afin de goûter à un *gudeg* fait de pomme de jacque (le fruit du jacquier) bouillie avec du sucre de palme et du lait de coco. Continuez vers le célèbre temple bouddhique de Borobudur. Datant du IXe siècle, il est inscrit au patrimoine mondial de l'UNESCO. Émerveillez-vous devant la splendeur de ses immenses stupas. De nombreuses fresques y racontent l'histoire de Bouddha et plusieurs petites niches abritent des statues de Bouddha assis. De retour à Yogyakarta, découvrez les charmants petits restaurants locaux du quartier de Malioboro, appelés *lesehan* (« où l'on s'assoit sur le sol »). Commandez-y un plat typique, des *mie goreng* (nouilles frites).

L'Asie gourmande

Rizières de Sidemen

Gado-gado

Pêcheurs, Jimbaran

L'Asie gourmande

Jour 3

Yogyakarta – Temples hindous de Prambanan ✈ Denpasar – Ubud 55 km

Arrêtez-vous en chemin vers Prambanan le long des rizières en terrasses, pour admirer le travail des cueilleurs de riz. Apprenez à confectionner le fameux *tempeh*, un produit de soja originaire d'Indonésie (voir l'encadré à ce sujet). Visitez une petite fabrique de *bakpia*, une pâtisserie de farine de blé farcie de haricots verts, située près du temple de Plaosan. Promenez-vous dans l'impressionnant complexe de temples hindous de Prambanan qui honorent les trois divinités indiennes principales, Shiva, Vishnu et Brahma. Envolez-vous ensuite vers Denpasar, sur l'île de Bali, puis rejoignez Ubud, le centre artistique de l'île, à une vingtaine de kilomètres au nord.

Jour 4

Ubud

Ubud est depuis longtemps habitée par une importante communauté d'expatriés. La multitude de boutiques hippies-bios-chics, d'écoles de yoga, de restaurants végétaliens, de cafés et de spas luxueux en témoigne. Dans les environs de la ville, découvrez les Big Tree Farms, une usine de chocolat aménagée dans une immense structure de bambou (qui serait la plus grande au monde). Dégustez une boisson de cacao pressé à froid sur place.

Jour 5

Ubud – Temple de Tirta Empul – Temple de Gunung Kawi – Atelier de barista – Ubud 30 km

La ferveur religieuse est palpable au temple de Tirta Empul, où les Balinais vont réguliè-rement en pèlerinage pour se purifier spiri-tuellement et dans l'espoir de guérir leurs maux physiques. Rendez-vous ensuite à l'impressionnant temple de Gunung Kawi, qui loge de multiples mausolées hauts de 7 m, taillés dans la montagne. Retournez à Ubud et goûtez au canard croustillant (*bebek goreng*). Devenez un apprenti barista en participant à un atelier qui vous révélera les secrets du café (plusieurs cafés locaux proposent ces ateliers).

Jour 6

Ubud – Marché de Gianyar – Sidemen 30 km

Commencez la journée par une visite au marché de Gianyar. Les familles s'y rassemblent pour manger différentes

Gado-gado

Le nom *gado-gado*, spécialité indonésienne surtout populaire sur les îles de Java et de Bali, vient du verbe *menggado* qui signifie « consommer quelque chose sans riz ». Tout un défi quand on connaît l'omniprésence du riz dans la cuisine asiatique! Délicieux et frais, le *gado-gado* marie plusieurs ingrédients dans une grande salade de légumes croquants (chou, haricots verts, concombre, fèves de soja, pommes de terre, pois mange-tout, laitue, échalotes). On accompagne le *gado-gado* de *tempeh* (soja fermenté) ou d'œuf durs à l'occasion, et on le nappe d'une vinaigrette faite de sauce aux arachides, de sucre, de jus de lime et de pâte de crevettes épicée au goût.

Dans un *warung*

Jour 8
Sidemen – Ferme – Marché de Klungkung – Jimbaran 50 km

Rejoignez les fermiers de Sidemen qui font fermenter la sève de cocotier pour en tirer du vin de palme, que l'on appelle ici le *tuak*. Rendez-vous ensuite vers le marché traditionnel de Klungkung où vous pourrez déguster un porc rôti à la balinaise, accompagné de *serombotan*, un mélange de légumes bouillis (épinards, germes de haricots, aubergine) auxquels on ajoute des arachides frites, de la noix de coco, de la lime et de la sauce chili. Prenez la route vers Jimbaran. Là vous pourrez vous régaler de fruits de mer dans un des restaurants de Muaya Beach.

Jour 9
Jimbaran – Cours de cuisine

Commencez par une visite matinale du marché pour y trouver la plupart des ingrédients requis pour votre cours de cuisine, dont les poissons et fruits de mer (sardines, langoustines, barramundis, calmars…) pêchés à peine quelques heures plus tôt. Après un déjeuner de gâteaux balinais, fruits tropicaux et boulettes de farine de riz sucrée dans une sauce à la noix de coco, entrez en cuisine pour un atelier instructif et amusant qui vous permettra d'apprêter vos prises du matin. Bouclez la journée avec un verre de café balinais, un pouding de riz noir et un gâteau crémeux à la citrouille.

spécialités comme le *babi guling* (porc rôti au chili, au curcuma, à l'ail et au gingembre), les boulettes de poulet à la noix de coco, les gâteaux sucrés et les bananes frites. C'est un vrai plaisir de se balader parmi les étals et de profiter de l'ambiance festive. Visitez ensuite le temple de Kehen avant de partir vers les rizières verdoyantes de Sidemen.

Jour 7
Sidemen – Salines de Kusamba – Candidasa – Gili Mimpang – Palais de Taman Soekasada Ujung et de Tirta Gangga – Sidemen 160 km

Dirigez-vous vers la plage de Kusamba pour visiter une production artisanale de sel, gérée par une communauté de pêcheurs. Continuez vers Candidasa, où vous pourrez partir en expédition pour explorer les fonds marins du site de plongée de Gili Mimpang. Délectez-vous d'un repas sur la plage, dans un *warung* local. De retour à Candidasa, visitez le palais aquatique de Taman Soekasada Ujung, une des dernières somptueuses résidences du souverain de la région de Karangasem. Les arbres en fleurs imprègnent l'endroit d'une aura romantique. Ne manquez pas aussi la visite du palais aquatique de Tirta Gangga, littéralement « eau du Gange », dont les sources sont réputées être sacrées. Dînez dans votre villa, au milieu des rizières de Sidemen.

Tronçon Simatai, Grande Muraille

L'Asie gourmande

♟ 7 jours

♟ De Beijing à Shanghai

Pour qui ? Pourquoi ?

✗ *Pour les passionnés d'histoire. Pour découvrir les fascinantes traditions ancestrales d'un pays toujours en mouvement. Pour goûter des plats originaux et variés d'une région à l'autre.*

Inoubliable…

✗ *Marcher sur les tronçons Simatai ou Mutianyu de la Grande Muraille.*

✗ *Déambuler dans la vieille rue Jinli, à Chengdu, bordée de maisons de thé, de bars à vin et de boutiques d'artisanat.*

✗ *Visiter le Musée des affiches de propagande de Shanghai.*

Chine : la folie des grandeurs

*Selon **Ariane Arpin-Delorme***

C omment résister à l'envie de découvrir sur place la longue et fascinante histoire de la Chine, la richesse de sa culture et la diversité de ses paysages? Luxuriantes forêts tropicales, hauts sommets couronnés de neige, longs fleuves mythiques, déserts exotiques et grandes villes modernes hérissées de gratte-ciel garantissent le dépaysement. Sortez des sentiers battus en explorant les villages encore intacts du Yunnan, entourés de rizières. Partout dans le pays, ouvrez-vous aux différentes cultures culinaires et enivrez-vous d'un vaste éventail de parfums et de saveurs.

Hot'pot

Canard laqué

Presque tous les restaurants de Beijing proposent ce grand classique de la cuisine chinoise, dont l'histoire remonterait aux dynasties du Nord et du Sud (420-589). Cherchez de préférence un de ceux qui ont une cuisine ouverte pour pouvoir observer le travail des cuisiniers. Après avoir plumé le canard, ils injectent de l'air entre sa chair et sa peau pour décoller celle-ci afin qu'elle devienne croustillante à la cuisson. Une fois séché, le canard est enduit de miel et suspendu pendant plusieurs heures au-dessus des flammes d'un four à bois. Il est ensuite habituellement découpé par le chef, et servi avec de petites crêpes, du concombre, du sucre et de l'ail.

Place Tian'anmen, Beijing

Itinéraire gourmand

Jour 1
Beijing – Marché aux perles Hongqiao

Votre tournée de Beijing débute à la place Tian'anmen, une des plus grandes esplanades au monde. Entrez dans la Cité interdite, le plus imposant palais impérial du pays, où pendant 600 ans, ont régné 24 empereurs des dynasties Ming et Qing (prononcez *ching*). Prenez un déjeuner de nouilles avec de la pâte de soya. Dirigez-vous ensuite vers le temple du Ciel, un chef-d'œuvre architectural construit au début du XVe siècle. Visitez le plus grand marché de perles de la planète, le Hongqiao. Attablez-vous en soirée au restaurant Nanmen Shuan Rou, où vous goûterez la fondue traditionnelle (*hot pot*) et apprécierez le délicieux agneau et autres aliments frais du nord de la Chine.

Jour 2
Beijing – Grande muraille – Beijing 150 km

Ne manquez pas de marcher le long d'un tronçon de la Grande Muraille, un incontournable de tout voyage en Chine! Choisissez ceux de Simatai ou de Mutianyu, moins fréquentés. Mangez un plat de poisson grillé au four pour reprendre des forces avant votre retour à Beijing. Offrez-vous un tour guidé en pousse-pousse dans les étroites ruelles bordées de superbes habitations traditionnelles. Visitez le musée Qianding Old Liquor pour connaître l'histoire et les techniques de fabrication de l'alcool blanc *baijiu*, une eau de vie de sorgho. Dînez au restaurant Peking Roast Duck, où le fameux canard laqué sera bien sûr au menu.

Jour 3
Beijing ✈ Chengdu

Commencez la journée par la découverte du Palais d'été, un jardin royal bien conservé alliant les beautés de la nature et de l'architecture. Flânez dans la célèbre rue Wangfujing le temps d'y faire quelques emplettes. Déjeunez dans un restaurant traditionnel qui sert des plats datant de la dynastie Qing : mouton ou faisan en sauce, poulet d'été ou boulettes de porc. Vol vers Chengdu en fin de journée.

L'Asie gourmande

95

Rue Jinli, Chengdu

Panda géant, Chengdu

Mapo doufu

L'Asie gourmande

Les baguettes et les manières à table

Au cours d'un repas, n'hésitez pas à montrer votre dextérité à manier les baguettes. La maîtrise de leur utilisation marque votre intérêt pour la culture chinoise et vous assure bien des compliments. Évitez cependant les grands gestes, baguettes en main. Ne les laissez pas tomber non plus, car c'est signe de mauvais présage. Comme les couteaux sont uniquement considérés comme des instruments de cuisine, n'en demandez pas à table. Contentez-vous d'une fourchette et d'une cuillère. Vous constaterez que les couverts ne sont généralement pas en métal : les Chinois considèrent qu'ils laissent un mauvais goût dans la bouche. Par souci d'hygiène, des baguettes communes s'utilisent pour le service. Si elles ne sont pas mises à votre disposition, retournez vos baguettes avant de vous servir. Aussi, ne les plantez pas dans votre bol, mais posez-les sur le porte-baguettes ou, à défaut, à côté du bol ou sur une coupelle. Ne réclamez pas non plus sel, sauce soja ou poivre sous peine de donner la désagréable impression que le repas est mal préparé.

Tiré de *Comprendre la Chine* d'Anabelle Masclet.

et boutiques d'artisanat. Observez par les vitrines comment on fabrique les *suanla fen* (nouilles de riz sucrées-salées). Dînez au Morals Village pour goûter le *hot pot* du Sichuan et d'autres spécialités, comme le *huigou rou* (flanc de porc cuit deux fois), le *gongbao jiding* (poulet en cubes avec arachides et chili séché), le *mala xiaomian* (soupe aux nouilles très piquante) et le *suanla choushou* (wontons à la viande dans une sauce sucrée-salée) .

Jour 4

Chengdu

Faites un saut au Centre de recherche sur le panda géant où vous pourrez observer ces adorables créatures dans leur milieu naturel. En après-midi, visitez le musée du site archéologique Jinsha, qui relate la découverte en 2001 d'un lieu datant d'environ 1000 av. J.-C. et présente une importante collection d'objets en ivoire, en or et en jade. Ensuite, faites un petit voyage dans le temps en longeant la vieille rue Jinli, avec ses maisons de thé, bars à vin

Jour 5

Chengdu – Cours de cuisine ✈ Shanghai

Capitale gastronomique du Sichuan, classée dans le Réseau des villes créatives de l'UNESCO, Chengdu abrite un musée de la cuisine du Sichuan. Ne manquez pas de

Shanghai

le visiter pour saisir les subtilités de cette gastronomie raffinée. Inscrivez-vous à un cours de cuisine pour apprendre à maîtriser quelques spécialités, comme le *mapo doufu* (tofu soyeux, bœuf ou porc haché, pâte de chili fermenté, piments du Sichuan et huile de chili), le *fuqi feipian* (tripes de bœuf, huile de chili et sauce aux arachides), le *lazi ji* (poulet sauté aux piments forts), la *chuanbei liangfen* (nouilles « gelée » de haricots mungo avec sauce très piquante) et les *dan dan mian* (nouilles de blé avec porc, chili, ail et vinaigre). Vol vers Shanghai en fin de journée

Jour 6

Shanghai – Marché

Balade au jardin Yu qui relate 400 ans d'histoire et d'architecture traditionnelle du delta du Yangzi. Arrêtez-vous au marché voisin et déjeunez au restaurant Lubolang, qui vous proposera notamment des huîtres grillées et du poisson fumé. En après-midi, promenez-vous dans l'ancienne concession française et visitez ensuite le Musée des affiches de propagande. La collection de cet établissement privé compte plus de 5 000 affiches qui racontent l'histoire de la République populaire de Chine, de 1949 jusqu'à la fin de la révolution culturelle, une trentaine d'années plus tard. Dînez au restaurant Xian Qiang Fang. Commencez par une soupe de dumplings *xiaolongbao* avant de déguster des aubergines braisées et des cuisses de grenouilles, du porc frit *shengjianbao* ou des côtes levées au cumin *di shui dong*. Terminez par un dessert au miso.

Jour 7

Shanghai

En matinée, promenez-vous sur le boulevard Bund, la célèbre rive de Shanghai, bordé de gratte-ciel modernes et d'immeubles vieillots de l'époque coloniale. Visitez ensuite le Musée des réfugiés juifs de Shanghai, consacré à la vie de ceux qui ont fui l'Holocauste pour s'établir ici. Déjeunez au Lost Heaven, qui met en vedette la cuisine de quelques minorités ethniques du Yunnan. En soirée, aventurez-vous dans la métropole chinoise qui compte une foule de restaurants réputés. Profitez-en pour goûter aux crabes poilus, au tofu puant et aux crêpes aux oignons avant de conclure avec une brochette de fraises caramélisées.

 L'Asie gourmande

🍴 **Quand y aller ?**

La haute saison s'échelonne de décembre à mars. C'est donc le meilleur moment pour visiter le Laos. Évitez la période des moussons, qui sévit de la fin de mai à octobre et s'intensifie à partir d'août.

Marché nocturne, Luang Prabang

👕 **6 jours**

👕 De **Luang Prabang** à **Vientiane**

L'Asie gourmande

Pour qui ? Pourquoi ?

🍴 *Pour admirer l'architecture raffinée des temples bouddhiques. Pour sortir des sentiers battus et découvrir la faune, en pleine nature. Pour aller à la rencontre des Laotiens souriants et accueillants, et goûter à leur cuisine savoureuse.*

Inoubliable...

🍴 *Assister à l'aumône matinale des bonzes dans les rues de Luang Prabang.*

🍴 *Partir en kayak à la découverte des centaines de statuettes dorées de Bouddha dans les grottes de Pak Ou.*

🍴 *Explorer les marchés de spécialités culinaires régionales et de curiosités locales fréquentés par diverses minorités ethniques.*

Attachant **Laos**

*Selon **Ariane Arpin-Delorme***

Traversé par l'imposant fleuve Mékong, le Laos se dévoile doucement à travers ses vallons et collines, sa nature luxuriante et la faune qui habite ses jungles. Le pays est percé d'innombrables grottes, dont plusieurs ont servi de refuge aux habitants durant la guerre civile d'Indochine. Inscrite au patrimoine mondial de l'UNESCO, l'ancienne capitale de Luang Prabang a conservé des traces de la période coloniale française. Très minutieux, les Laotiens considèrent la cuisine comme un art important et leurs plats favorisent l'utilisation de produits frais et le respect de la nature. Ils se définissent souvent comme les *luk khao niaow* (« les descendants du riz collant ») et seraient les plus grands consommateurs de cette variété de riz au monde.

Insectes grillés

Ferme de mûres biologiques

Fondée en 1996, la ferme biologique Vang Vieng (OFVV) préconise l'agriculture responsable. Aujourd'hui, elle constitue un environnement dynamique où naissent une foule de projets, concentrés principalement sur la culture des mûres. Leurs feuilles sont utilisées pour produire du thé et du tempura, alors que les baies servent à la production de vin et de jus. La ferme cultive également une variété de fruits et légumes, élève de la volaille et fabrique du fromage de chèvre. Elle offre aux voyageurs la chance de travailler bénévolement aux champs, ou d'enseigner l'anglais ou l'informatique. Voilà une belle occasion d'interagir avec les villageois laotiens, kmous et hmongs qui travaillent à la ferme et de contribuer à l'amélioration de leur qualité de vie.

Grottes de Pak Ou

Itinéraire gourmand

Jour 1

Luang Prabang – Marchés

Levez-vous aux aurores pour assister à l'aumône des moines qui, vêtus de leur toge couleur safran, circulent dans les rues de la ville. Poursuivez votre découverte par une promenade au marché et profitez-en pour déguster une soupe *khao soi*, faite de lait de coco et de nouilles de riz, et épicée au cari. Visitez l'élégant temple de Xieng Thong, un monastère orné de mosaïques et de stupas qui abrite un majestueux bouddha couché de style purement laotien. Dirigez-vous vers le Vat May (prononcez « wat », comme en Thaïlande, même si, au Laos, on transcrit en « vat »; ce mot veut dire « temple »), le plus grand temple de la ville, avant de visiter le Palais royal, qui loge aujourd'hui le Musée national. Dans ce lieu dédié à l'histoire de la famille royale et de la région, vous pourrez notamment admirer le fameux bouddha en or de Pha Bang. Au coucher du soleil, rendez-vous au sommet du mont Phousi afin de contempler la vue imprenable sur les environs. Dînez au marché nocturne de Ban Pakham et profitez-en pour croquer des insectes (grillons, scarabées, termites, araignées, criquets…) grillés! La consommation d'insectes remonte aux premiers temps de l'humanité; même les Romains en mangeaient. Les insectes sont générale-ment une bonne source de protéines et ne génèrent pas la pollution agricole liée à l'élevage des animaux comme les bovins.

Jour 2

Luang Prabang – Grottes de Pak Ou – Luang Prabang 60 km

Partez en croisière sur le Mékong à bord d'une superbe jonque traditionnelle. Rejoignez les grottes sacrées de Pak Ou, où

L'Asie gourmande

Aumône matinale, Luang Prabang

Marché de Vang Vieng

Cérémonie du baci

D'origine hindoue, la cérémonie du *baci*, aussi nommée *soukhouan* (« appel et réception de l'âme »), est célébrée pour marquer les événements importants de la vie. L'enseignement de ses rites est transmis de génération en génération. La cérémonie, qui peut durer de 30 min à 2h, se déroule autour d'un plateau *phakhouan*, souvent en argent, chargé de *makbeng*. Ce cornet constitué de feuilles de bananier pliées et ornées de fleurs blanches et orange peut également contenir différentes offrandes (billets de banque, alcool, nourriture, bougies, eau). L'officiant, ou *mophone*, dirige les esprits vers la personne honorée, qui touche le *phakhouan* d'une main. Le fil de coton qu'il noue autour du poignet de celle-ci représente le rattachement des 32 esprits à son organisme pour recréer l'harmonie et apporter chance et prospérité. La personne honorée ne peut couper ces fils, sous peine de perdre tout le bénéfice de la cérémonie. Les amis et voisins se joignent ensuite à la famille pour partager un repas festif.

L'Asie gourmande

sont exposées de nombreuses statuettes de Bouddha accumulées au cours des siècles. Vous pouvez également y accéder en kayak. Dégustez une soupe aux vermicelles de riz *khao poon*, à base de chili, d'échalotes, d'oignons, de coriandre, de menthe et de haricots, auxquels on ajoute du porc, du poulet ou du poisson. Retour vers Luang Prabang afin de découvrir le Vat Visoun, construit au début du XVIe siècle et inspiré du temple khmer Vat Phou, situé dans le sud du pays. Arrêtez-vous au Vat Aham où de superbes fresques racontent la vie de Bouddha.

Jour 3

Luang Prabang – Cours de cuisine – Marché Phousi – Chutes de Kuang Si – Luang Prabang 60 km

Rendez-vous au café Tamarind où le chef vous proposera une introduction à la cuisine laotienne authentique. Après une balade en *tuk-tuk* jusqu'au marché Phousi pour choisir les ingrédients dont vous aurez besoin, on vous enseignera à

préparer certains plats typiques, comme le riz collant *khao niaow*, la soupe au porc haché *oh paedek* et la salade de poulet épicé *laarb gai*. Dégustez le tout dans une ambiance conviviale. Roulez ensuite vers la forêt pour vous rafraîchir dans les splendides chutes de Kuang Si. Arrêtez-vous en route dans un coloré village hmong, situé au milieu de rizières en terrasses, puis au village de tisserands Ban Xang Khong avant de rentrer à Luang Prabang.

Jour 4

Luang Prabang – Vang Vieng 185 km

Prenez la route vers Vang Vieng au milieu de paysages de collines verdoyantes, de plaines et de rizières. À l'arrivée, partez en kayak sur la rivière Nam Song, au milieu

Pha That Luang, Vientiane

des immenses pics de calcaire arrondis. Logez dans une ferme de mûres biologiques (voir l'encadré) où trois minorités ethniques ont uni leurs efforts pour créer un établissement touristique durable et responsable.

Jour 5

Vang Vieng – Marché – Vientiane – Dîner gastronomique aux abords du Mékong 160 km

En route vers Vientiane, faites un saut au marché matinal de Vang Vieng, un lieu coloré où convergent diverses minorités ethniques, dont les Thaïs, les Hmong et les Akka. On y trouve de tout, des vêtements aux fruits et légumes, en passant par des brochettes de viande de sanglier et des poissons-chats fraîchement pêchés. À Vientiane, visitez le Vat Sisaket, un des plus beaux temples de la ville, et le Vat Ho Phra Kaew, où se trouvait le bouddha d'émeraude avant d'être relocalisé à Bangkok. Le midi, arrêtez-vous chez un marchand ambulant pour acheter un sandwich *khao jee*, une baguette remplie de laitue, tomates, carottes, oignons, fromage, jambon, porc épicé *moo yor* et sauce chili. En soirée, offrez-vous un dîner sur la rive du Mékong : entrée de saucisse de porc haché *sai oua* (avec citronnelle, feuilles de kaffir, échalotes, coriandre, galanga et sauce de poisson), suivie d'une salade *larb* typique (viande ou poisson mariné servi avec une combinaison de légumes verts et d'herbes fraîches) accompagnée d'une salade de papaye verte épicée *tam mak hoong*.

Jour 6

Vientiane – Cours de cuisine

Poursuivez votre découverte de la ville en admirant l'arc de triomphe Patuxai, construit en 1959, et en visitant le Pha That Luang, le monument bouddhique le plus sacré du Laos. Suivez un cours de cuisine dans un restaurant de Vientiane durant lequel vous apprendrez à choisir les fines herbes adéquates pour parfumer les différents plats laotiens. Visitez le Musée national du Laos, dédié à la révolution des années 1970, avant de terminer votre séjour avec un dîner-spectacle au restaurant Krua Lao : entrée de *som moo* (porc cru fermenté et pimenté enveloppé dans des feuilles de bananier), plat de ragoût épicé *lam* (poulet, champignons, aubergines, citronnelle, piments, aneth) et salade *laap* (bœuf haché, citronnelle, menthe, galanga et jus de lime).

L'Asie gourmande

Marché russe Psar Tuol Tom Pong, Phnom Penh

L'Asie gourmande

👨‍🍳 **5 jours**
👕 De **Siem Reap** à **Phnom Penh**

Pour qui ?
Pourquoi ?

✗ *Pour les curieux des civilisations anciennes, dont témoigne le temple d'Angkor Vat, symbole du pays. Pour sortir des sentiers battus et aller à la rencontre de gens hospitaliers. Pour goûter à la gastronomie khmère qui intègre les secrets de recettes ancestrales.*

Inoubliable...

✗ *Découvrir le temple de Ta Prohm, caché sous les racines des arbres, dans le complexe des temples d'Angkor.*

✗ *Se perdre dans le labyrinthe du marché russe Psar Tuol Tom Pong, à Phnom Penh.*

✗ *Visiter le Palais royal de Phnom Penh et sa spectaculaire pagode d'argent.*

Secrets du
Cambodge

Selon **Ariane Arpin-Delorme**

En dehors de sa capitale animée, le royaume du Cambodge demeure majoritairement rural. Dans ce pays de plateaux, les superbes paysages de rizières vous envoûteront. Avec le Tonlé Sap, le plus grand lac d'eau douce d'Asie du Sud-Est, et le mythique fleuve Mékong, la pêche s'impose dans la culture culinaire du pays. On dit que la cuisine khmère serait l'une des plus anciennes de l'Asie. Vous pourrez découvrir sa version sophistiquée dans les grands restaurants et sa version plus populaire dans la rue.

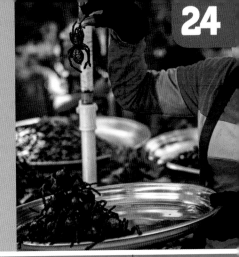

Temple Ta Prohm

Araignées frites

L'araignée frite est devenue un incontournable de tout passage dans la ville de Skun, dont c'est la spécialité. L'habitude de manger ces petites bêtes est née des privations que le peuple a subies pendant la dictature des Khmers rouges. On fait l'élevage de ces araignées (*a-ping* en khmer) de la grosseur d'une main dans la campagne située au nord de la ville. Elles sont assaisonnées au glutamate, au sucre, au sel et à l'ail avant d'être frites dans l'huile. Le résultat n'est pas très goûteux, avec une texture croustillante à l'extérieur, mais gluante à l'intérieur.

Village flottant, lac Tonlé Sap

Itinéraire gourmand

Jour 1

Siem Reap – Lac Tonlé Sap – Siem Reap – Dîner-spectacle de danse apsara 110 km

Arrêtez-vous en route à Puok, où l'on a créé une ferme de vers à soie doublée d'un centre de fabrication artisanale de soieries dans le but de faire revivre cette industrie. Déjeunez au restaurant Champey. En entrée, goûtez la salade de fleurs de banane et poulet, la salade de cœurs de palmier et porc, les nems aux légumes, les rouleaux de printemps aux crevettes ou la soupe *tom yam* aux fruits de mer.

Viendront ensuite cari au poulet, cuisses de grenouilles, légumes poêlés, ragoût de porc ou *amok* de poisson khmer. Faites une croisière sur le lac Tonlé Sap, avec une escale dans un village flottant de pêcheurs.

Jour 2

Siem Reap – Temples d'Angkor Vat 15 km

Visite des incontournables ruines d'Angkor Vat, un des ensembles architecturaux les plus spectaculaires au monde. Construit entre les IXᵉ et XIIIᵉ siècles, il comprend une centaine de temples. Les ruines, abandonnées à la suite de nombreuses conquêtes, ont été découvertes au XIXᵉ siècle par des explorateurs français. Admirez les déesses apsaras et les visages joufflus sculptés dans la pierre. Savourez l'émotion de vous

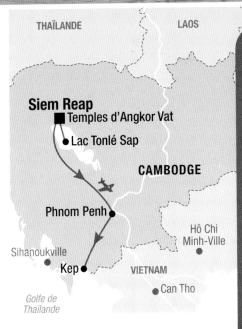

retrouver au milieu des énormes racines qui, pendant des centaines d'années, ont tracé leur chemin parmi les pierres du

L'Asie gourmande

Temple Bayon

Palais royal, Phnom Penh

Bai sach chrouk

Marché de crabes, Phnom Penh

L'Asie gourmande

temple Ta Prohm. Déjeunez au restaurant The Khmer BBQ d'une salade de papaye verte et crevettes croustillantes ou d'une salade d'ananas et poulet, suivie d'un barbecue de bœuf, porc, poulet, crocodile et calmars. Visitez l'ancienne capitale d'Angkor Thom, entourée de murs et de douves. En entrant par la porte sud, vous arriverez dans le temple Bayon, avec ses 54 tours décorées de plus de 200 visages souriants, avant de découvrir le temple Phimeanakas, la terrasse des Éléphants et la terrasse du Roi lépreux.

Jour 3
Siem Reap – Marché – Cours de cuisine

Commencez la journée par une visite du marché de Siam Reap pour vous procurer légumes, herbes et épices nécessaires à l'atelier de cuisine de Champey, où vous apprendrez à préparer d'alléchants plats khmers traditionnels. Dînez au restaurant Madame Butterfly, dont la spécialité est le *gnoam svay kchei*, une salade de mangue verte et de poulet sauté. Goûtez aussi à l'*amok trey*, un plat de poisson cuit à la vapeur dans du lait de coco avec des arachides, des champignons et des herbes.

Jour 4
Siem Reap ✈ Phnom Penh – Marché d'Orussey

À Phnom Penh, profitez d'un superbe point de vue du haut du temple Wat Phnom. Ne manquez pas la visite du Palais royal, que le roi Norodom a construit en 1866 sur le site de la vieille ville. L'endroit abrite également la spectaculaire Pagode d'argent, dont le sol était couvert de 5 000 tuiles de ce métal blanc au temps du roi Sihanouk. On peut encore en voir une partie ainsi qu'admirer des bouddhas d'or et un magnifique bouddha d'émeraude. Déjeunez de *prohok ktis*, un plat à base de poisson et de porc auquel on ajoute une pâte de cari (*kreoung*) et du lait de coco et qu'on sert avec des légumes frais. Visitez ensuite le Musée national, un exemple exceptionnel d'architecture traditionnelle qui expose une belle collection de pièces d'art khmer. Déjeunez au marché d'Orussey pour profiter de ce qu'offre la cuisine de rue cambodgienne, comme les nouilles sautées, le satay au bœuf, les œufs de canetons ou le *bai sach*

Angkor Vat

chrouk (porc mariné servi avec du riz à la vapeur).

___

Jour 5

Phnom Penh – Kep – Marché de crabes – Phnom Penh – Marché russe Psar Tuol Tom Pong 290 km

Au Cambodge, il n'y a pas de meilleur endroit que Kep pour savourer des fruits de mer frais. Arrêtez-vous au marché de crabes où l'on vend aussi des calmars et des crevettes à faire griller sur place. Profitez de la plage avant de revenir dans la capitale. Au menu du déjeuner, citrouille rôtie et porc à l'aigre douce en entrée, suivis de poulet grillé. De retour

Encouragez une bonne cause

Saisissez l'occasion de faire une bonne action en logeant ou en mangeant dans un établissement qui vient en aide à de jeunes défavorisés qui peuvent y apprendre un métier dans le domaine du tourisme, une des industries les plus dynamiques du pays. L'école hôtelière Sala Baï de Siem Reap, qui existe depuis 2002, est un bel exemple d'aide à l'insertion de jeunes Cambodgiens au marché du travail. Ses programmes leur permettent de devenir financièrement autonomes, d'éviter la prostitution et d'améliorer les conditions de vie de leur famille. La priorité est donnée aux jeunes filles en raison de leur plus grande vulnérabilité et de leur difficulté à accéder à l'éducation et à des emplois stables. En visitant l'hôtel ou le restaurant de l'école où les élèves acquièrent de l'expérience, vous contribuerez au développement du tourisme responsable, à la réduction de la pauvreté et à la lutte contre le trafic d'êtres humains au Cambodge.

à Phnom Penh, flânez au marché russe Psar Tuol Tom Pong, où vous trouverez, entre autres, des antiquités, de l'argenterie, des bijoux, de l'artisanat, des articles en soie, des vêtements et des sculptures en bois.

L'Asie gourmande

📍 **Quand y aller ?**

Pour parcourir l'ensemble du pays, la meilleure période est généralement les mois de février et d'août. En plus d'offrir des conditions climatiques favorables, l'île compte alors moins de touristes et le coût des services touristiques est moins cher.

Plantation de thé

👕 **10 jours**

👕 Boucle au départ de **Colombo**

Pour qui ? Pourquoi ?

✗ *Pour les voyageurs qui recherchent une expérience culturelle dépaysante, mais relativement facile d'accès. Pour ceux qui s'intéressent au bouddhisme et à son patrimoine ancien. Pour profiter de paysages exceptionnels. Pour apprivoiser les traditions toujours vivantes d'un peuple accueillant.*

Inoubliable...

✗ *Circuler en train au milieu des plantations de thé aux environs d'Ella, de Bandarawela, Nuwara Eliya et Haputale.*

✗ *Partir à la recherche des léopards du parc national de Yala et des baleines bleues à Mirissa.*

✗ *Observer les pêcheurs perchés sur leurs échasses, près de la ville coloniale de Galle.*

Le **Sri Lanka**, perle de l'océan Indien

*Selon **Ariane Arpin-Delorme***

Le Sri Lanka, anciennement le Ceylan, porte bien son surnom de « perle de l'océan Indien », surnom que l'île-nation doit à sa forme et à sa position au sud-est de l'Inde. Les paysages variés, les richesses culturelles, les sites sacrés, les monuments anciens, le littoral bordé de plages et le patrimoine colonial britannique de cette île enchanteresse ne manquent jamais de fasciner les visiteurs. Profitez de votre séjour pour vous initier au bouddhisme, implanté au Sri Lanka depuis plus de 2 250 ans. Peu importe la région où vous vous trouverez, vous pourrez goûter une cuisine traditionnelle, familiale, réconfortante... et relevée! Les amateurs de thé seront aussi ravis, le pays en étant l'un des plus grands producteurs au monde.

Citadelle de Sigiriya

Bazar de Pettah

Idli

Le kottu

Le *kottu*, composé de morceaux déchiquetés de *roti godamba* (un pain plat ressemblant à un *paratha* indien géant) frits dans un mélange d'épices et de viandes, est un des plats préférés des Sri-Lankais. Ce mets abordable est la vedette de la restauration rapide locale. Dans les restaurants au menu plus élaboré, il est accompagné d'une sauce au cari servie dans un bol à part. Différentes variantes de *kottu* sont également proposées, dont une version délicieuse avec des légumes (poireaux, oignons, choux) mélangés avec des œufs battus, et une autre contenant du fromage dont la saveur est rehaussée par du cari.

Itinéraire gourmand

Jour 1
Colombo – Negombo – Marché aux poissons – Plantation de noix de coco – Dambulla 175 km

Partez vers la petite ville côtière de Negombo. Le zèle des missionnaires catholiques portugais était tel qu'elle a été surnommée « la petite Rome ». Tôt le matin, au retour des pêcheurs karavas d'origine indienne, assistez à la criée aux poissons de Negombo, réputée pour ses langoustes, crabes et crevettes. Rendez-vous ensuite à une plantation de noix de coco pour tout savoir sur cet aliment clé de la cuisine sri-lankaise. Savourez l'eau d'une *king coconut* (une variété locale) pendant que vous observez les *toddy tappers* extraire la sève d'un cocotier pour en faire du vin de palme. Dégustez un repas typique, composé de riz et d'un cari de poulet ou de poisson, accompagnés d'un chutney à l'ananas et à la mangue épicé. Dirigez-vous ensuite vers les grottes de Dambulla, qui surplombent la plaine environnante. Transformées en temples bouddhiques, elles furent le refuge du roi Valagambahu après son exil de l'ancienne capitale Anuradhapura.

Jour 2
Dambulla – Sigiriya – Plantations – Dambulla – Marché agricole 15 km

Roulez vers la citadelle de Sigiriya où subsistent encore les ruines d'un palais grandiose, construit au Ve siècle. Découvrez les fresques des demoiselles, pièces maîtresses de la symbolique royale de Sigiriya. Baladez-vous ensuite au milieu des plantations de céréales, d'ignames et de maïs de la région. On vous expliquera la technique traditionnelle locale d'agriculture sur brûlis (*chena*). Le midi, dégustez un savoureux cari de légumes, tapioca et poisson frit. En fin d'après-midi, retournez vers Dambulla pour explorer son éclectique marché agricole. C'est le moment de goûter le fameux *kottu* (voir l'encadré).

Jour 3
Dambulla – Jardins d'épices de Matale – Kandy 35 km

Faites route vers les jardins d'épices de Matale, où poussent toutes les variétés

L'Asie gourmande

107

Marchand de fruits et légumes

Léopards, parc national de Yala

Jardins d'épices

La visite d'un jardin d'épices sri-lankais ouvre une fenêtre sur les différentes influences qui ont pimenté l'histoire du pays. D'abord sous contrôle arabe, le commerce des épices a connu une petite révolution en 1498, après que l'explorateur portugais Vasco de Gama ait découvert une nouvelle route maritime reliant l'Europe et l'Inde. Doublé à l'établissement d'un premier comptoir portugais en Asie (à Cochin, en Inde), l'accès à cette voie a grandement facilité l'ouverture du marché européen aux épices sri-lankaises. Aujourd'hui, les jardins d'épices du Sri Lanka, celui de Matale, par exemple, offrent une foule de ces aromates, comme différentes variétés de poivres, la cardamome, la noix de muscade, le clou de girofle, la cannelle et le curcuma. Dégustez tranquillement un thé aux épices tout en vous informant des vertus thérapeutiques, cosmétiques et ayurvédiques de ces plantes.

Kandy

L'Asie gourmande

indigènes. Humez le parfum des feuilles de cumin, de cannelle et de cari avant de déguster un cari de courge accompagné d'un *kuttu roti* à la noix de coco. Poursuivez ensuite vers Kandy, centre spirituel et culturel du pays, très pittoresque avec ses nombreux frangipaniers. Visitez le temple Dalada Maligawa, où l'une des plus précieuses reliques bouddhistes, une dent de Bouddha, est conservée. Depuis des siècles, les pèlerins viennent se recueillir devant cette relique enchâssée dans un assemblage de sept coffrets posé sur une fleur de lotus.

Jour 4
Kandy – Marché – Atelier de cuisine

Repartez à la découverte de la paisible ville de Kandy où vous trouverez un marché animé, un musée national et quelques monastères. En début de soirée, rejoignez une famille sri-lankaise pour un atelier de cuisine. Apprenez les secrets de la préparation des *papadum* (minces galettes de farine de soja noir), du cari de poulet au lait de coco épicé et des desserts traditionnels nés des influences coloniales néerlandaise et portugaise.

Jour 5
Kandy 🚃 Bandarawela – Plantations de thé – Repas en famille 125 km

Le trajet en train vers Bandarawela traverse de petits villages nichés dans un superbe paysage de montagnes. Cette ancienne station climatique située dans les hauts plateaux était populaire auprès des Britanniques qui géraient des plantations de thé dans les environs. Laissez-vous charmer par le décor avant de dîner dans une famille qui partagera avec vous un repas où le thé sert de composante des mets.

Jour 6
Bandarawela – Plantations de thé Haputale – Repas en famille – Bandarawela 25 km

Promenez-vous parmi les plantations verdoyantes de thé. Arrêtez-vous à l'usine de thé Dambetenna, une des plus anciennes de la région. Profitez-en pour vous initier à la cueillette du thé avec les travailleurs. Rendez-vous à la ville d'Haputale pour déjeuner avec une famille tamoule et préparer des crêpes de riz croustillantes dosa et un *idli*, un savoureux gâteau de riz cuit à la vapeur, servi avec des sauces au cari et du chutney. De retour à Bandarawela, profitez du charme rural de la ville.

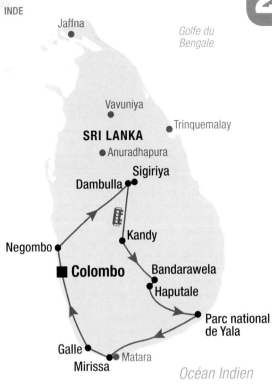

INDE
Jaffna
Golfe du Bengale
Vavuniya
Trinquemalay
SRI LANKA
Anuradhapura
Sigiriya
Dambulla
Kandy
Negombo
■ **Colombo**
Bandarawela
Haputale
Parc national de Yala
Galle
Mirissa
Matara
Océan Indien

Pêcheurs, Galle

fréquentent la région de Mirissa à l'année. Vous pourrez aussi apercevoir tout le long de la côte des pêcheurs perchés sur des échasses pour attendre le poisson, une technique ancestrale qui leur permet de rester au-dessus de la mer agitée. Partagez un déjeuner de fruits de mer frais et de cari de crabe avec une famille de ces pêcheurs. Prenez ensuite la route vers Galle, un petit bijou colonial parfaitement conservé, où se sont succédé Portugais, Néerlandais et Anglais. En soirée, visitez les fortifications de la ville, classées au patrimoine mondial de l'humanité par l'UNESCO, et marchez sur leurs remparts. Promenez-vous dans le labyrinthe de ruelles étroites riches de plus de 400 ans d'histoire.

Jour 7

Bandarawela – Parc national de Yala 120 km

Dirigez-vous vers le parc national de Yala, qui abrite une impressionnante population d'animaux, dont des ours noirs et plusieurs espèces d'oiseaux. En soirée, partez en safari guidé à la recherche des léopards tapis dans les arbres, ou des crocodiles qui patrouillent les rivières du parc aux côtés des éléphants.

Jour 8

Parc national de Yala – Mirissa 145 km

Commencez la journée avec un plat de fromage caillé de bufflonne, que l'on sert dans une casserole en terre cuite. On mange également cette préparation comme collation, en accompagnement et même au dessert, rehaussée d'un coulis d'une épaisse mélasse dorée. Les amateurs de confiseries pourront aussi tester la solidité de leurs dents sur le *dodol*, une sucrerie faite de lait de coco, de farine de riz et de *kithul jaggery* (sève de palme), introduite par les Malais au XVIIe siècle. Continuez vers la plage de Mirissa, où vous pourrez goûter un autre dessert typique : le *watalappan*, un flan composé de lait de coco, canne à sucre, noix de cajous, œufs, épices et vanille. Explorez les plages de sable doré, nagez dans les eaux calmes, ou partez en vélo vers Weligama, où les bateaux de pêche colorés rapportent leurs prises de la journée.

Jour 9

Mirissa – Galle 40km

Très tôt le matin, partez observer les baleines bleues et les dauphins qui

Jour 10

Galle – Colombo – Bazar de Pettah – Stands de rue 130 km

Retournez à Colombo, ville cosmopolite de marchés urbains, de bâtiments coloniaux, de musées et de restaurants. Flânez dans le bazar de Pettah, où des milliers de commerçants tenteront d'attirer votre attention. Baladez-vous dans les ruelles bordées de petits stands qui vendent des plats traditionnels, comme le *kottu* (voir l'encadré).

L'Asie gourmande

🍴 **Quand y aller ?**
Au printemps, de mars à juin, et en automne, d'octobre à novembre. La chaleur de ce pays méditerranéen, en partie désertique, est alors moins étouffante. La côte jouit d'un climat doux en toute saison.

Acre

🍴 **8 jours**

🍴 Boucle au départ de **Tel Aviv**

L'Asie gourmande

Pour qui ?
Pourquoi ?

✗ *Pour les mordus d'histoire. Pour les pèlerins qui veulent remonter aux sources de leur religion. Pour profiter des paysages variés qui composent ce petit pays. Pour faire l'expérience d'une des meilleures cuisines au monde.*

Inoubliable...

✗ *Rencontrer les pêcheurs de la cité médiévale d'Acre.*

✗ *S'enduire le corps de boue thérapeutique avant de vivre l'expérience mémorable d'un bain dans la mer Morte.*

✗ *Se retrouver à la croisée de trois grandes religions à l'intérieur des fortifications de Jérusalem.*

Israël, 5000 ans d'histoire gastronomique

*Selon **Ariane Arpin-Delorme***

Bordé par le Liban, la Jordanie, la Syrie et l'Égypte, Israël se trouve au carrefour de l'Occident et de l'Orient, et au centre de l'attention de la planète. Découvrez Tel Aviv, ville jeune, dynamique et résolument moderne. Profitez de ses kilomètres de plage avant de partir explorer le reste du pays. Ruines romaines, vestiges médiévaux, nature majestueuse, lieux sacrés où trois grandes religions monothéistes se côtoient dans un équilibre parfois difficile, l'histoire est ici partout présente. Israël est également une véritable escale culinaire qui vous permettra de savourer des spécialités remarquables, bien au-delà des classiques houmous, falafel et tahini.

Sambusak

Soupe aux boulettes *matzah*

Œufs *shakshouka*

Petit déjeuner à l'israélienne

Le classique et copieux petit déjeuner israélien tire son origine des fermes collectives du pays, les kibboutz. Aujourd'hui servi dans la plupart des hôtels et restaurants d'Israël, il comprend généralement des œufs *shakshouka* pochés dans une sauce tomate et des fèves *medames* (cuites dans de l'huile avec du cumin, du persil, de l'ail, du jus de lime, des oignons et du piment chili). Il est souvent servi avec de l'houmous (purée de pois chiches, pierre angulaire de la cuisine du Proche-Orient), du tahini, du fromage halloumi (un fromage de chèvre originaire de l'île de Chypre), d'une salade israélienne (voir l'encadré), de purée d'aubergines *salat ḥatzilim* et de *labneh* (voir ci-dessous).

Itinéraire gourmand

Jour 1

Tel Aviv – Césarée – Acre 120 km

Parcourez les marchés matinaux de Tel Aviv, paradis des agrumes. Partez ensuite vers Césarée, capitale royale d'Hérode 1er, qui abrite un beau parc archéologique en bordure de mer, où vous visiterez notamment l'amphithéâtre qui accueille des concerts en été. Déjeunez de *labneh*, un lait fermenté typique de la cuisine moyen-orientale, dont la texture rappelle le fromage frais. Il est servi avec un mélange d'herbes et d'épices *za'atar* ou d'huile d'olive. Accompagnez-le de *shakshouka*,

un plat nord-africain d'œufs pochés dans une sauce à la tomate épicée, surtout populaire en hiver. Roulez ensuite vers la cité médiévale d'Acre. Habitée depuis plus de 3 500 ans, c'est une des plus anciennes villes d'Israël et un très important centre spirituel pour les Musulmans. On y trouve d'ailleurs la mosquée Al-Jazzar, la plus grande mosquée du pays.

Jour 2

Acre – Daliat el Karmel – Nazareth – Kafr Cana – Lac de Tibériade 135 km

Départ pour Daliat el Karmel, située sur le mont Carmel, parmi des champs d'oliviers. Arrêtez-vous le temps de goûter la soupe au poulet typique que proposent les marchands ambulants. Il s'agit d'un simple bouillon de poulet garni d'oignons,

de carottes, de céleri et d'herbes, comme l'aneth et le persil. On sert parfois cette soupe avec des boulettes *kneidlach* (ou *matzah*) faites de farine mélangée à de l'eau (et parfois à des œufs). Dirigez-vous vers Nazareth pour visiter la basilique de l'Annonciation. Rendez-vous ensuite à Kafr Cana, site du premier miracle de Jésus (les célèbres Noces de Cana), puis au lac de Tibériade (également connu sous le nom de mer de Galilée), là où Jésus aurait marché sur les eaux.

Jour 3

Lac de Tibériade – Ginosar – Mont des béatitudes – Capharnaüm 20 km

Poursuivez votre aventure vers Ginosar, où vous pourrez admirer un bateau datant du temps de Jésus, découvert au fond du lac

La salade israélienne

La salade israélienne est préparée avec des tomates finement hachées et des concombres arrosés d'huile d'olive, de jus de citron, de sel et poivre. On peut y ajouter des poivrons rouges ou verts en dés, des carottes râpées, du chou ou de la laitue finement râpés, des radis tranchés, du fenouil, des oignons, de la ciboulette, du persil haché et d'autres herbes et épices, comme la menthe, le *za'atar* et le sumac. Popularisée par les kibboutz israéliens, cette salade mixte connaît différentes variations parmi la diaspora juive. Les Juifs de l'Inde la préparent par exemple avec du gingembre finement haché et des poivrons verts. Les Juifs nord-africains peuvent y ajouter du zeste de citron et du piment de Cayenne, alors que ceux d'Asie centrale l'arrosent de vinaigre au lieu de l'habituelle huile d'olive. La salade israélienne est consommée à la plupart des repas, y compris au petit déjeuner.

Jérusalem

Jaffa

L'Asie gourmande

de Tibériade lors de la grave sécheresse de 1986. Au mont des Béatitudes, vous visiterez une église qui se dresse sur le site où Jésus aurait prononcé son Sermon sur la montagne, construite en 1938 selon les plans de l'architecte italien Antonio Barluzzi. Prenez une pause le temps de savourer une salade israélienne classique (voir l'encadré). En roulant sur la rive nord de la mer de Galilée, vous atteindrez Capharnaüm, où Jésus a vécu dans la maison de l'apôtre Pierre.

Jour 4
Capharnaüm –Tabgha – Yardenit – Fleuve Jourdain – Qumran – Mer Morte 155 km

Dans les environs de Capharnaüm, visitez le site de Tabgha où Jésus aurait accom-pli le miracle de la multiplication des pains et des poissons. Mettez ensuite le cap sur Yardenit, aux abords du fleuve Jourdain, pour voir l'endroit où Jean le Baptiste l'aurait baptisé. Puis, visitez le site archéologique de Qumrân, où les célèbres manuscrits de la mer Morte ont été découverts. Reposez-vous près de la mer Morte le temps de goûter le *sambusak*, un chausson farci de pois chiches, d'oignons frits et d'épices. Une autre variante y ajoute de la viande, du persil et des noix de pin. La version servie au petit déjeuner est farcie de fromage *tzfat* et d'épices *za'atar*. Ne manquez pas de goûter aussi aux légumes *memula'im* : poivrons, oignons, artichauts, betteraves, tomates, feuilles de vigne, pommes de terre, aubergines ou courgettes, farcis de viande et de riz relevés d'un assaisonnement épicé ou aigre-doux.

Jour 5
Mer Morte – Jérusalem
50 km

Direction Jérusalem où vous commencerez tôt votre journée en flânant au bazar. Recueillez-vous ensuite devant le mur des Lamentations, vestige du deuxième temple de Jérusalem et lieu sacré pour les Juifs. Continuez sur la Via Dolorosa qui suit les stations du chemin de Croix de Jésus, des ruines de la forteresse Antonia jusqu'à l'église du Saint-Sépulcre. Attrapez au passage un taboulé pour emporter. Ce délicieux plat arabe végétarien est composé de tomates, de persil finement haché, de menthe, de boulgour et d'oignons, puis assaisonné d'huile d'olive, de jus de citron et de sel. Certaines variantes israéliennes de cette salade utilisent des graines de pomme grenade plutôt que des tomates.

Mer Morte

Pénétrez à l'intérieur de la mosquée d'Omar, place sainte de l'Islam. Revenez ensuite dans le monde moderne le temps de visiter le mémorial de Yad Vashem, consacré à l'Holocauste.

Jour 6

Jérusalem

Rendez-vous sur le mont des Oliviers pour visiter la chapelle de l'Ascension et profiter de la vue panoramique sur la vieille ville de Jérusalem. Faites ensuite le trajet jusqu'au mont Sion pour visiter le Cénacle, site du dernier repas de Jésus, et le tombeau du roi David. Visitez le jardin de Gethsémani, où Jésus aurait prié avant son arrestation, la basilique de l'Agonie, l'église Sainte-Anne et la piscine de Bethesda. Dînez d'une variété de salades et d'une purée *salat ḥatzilim*. Ce mets d'aubergines gril-

lées, semblable au *baba ganousch*, est assaisonné de tahini, d'ail, de jus de citron, d'oignons, d'herbes et d'épices.

Jour 7

Jérusalem – Massada – Mer Morte 105 km

Visite de la forteresse de Massada, dressée sur un rocher qui surplombe la mer Morte. Érigé sous Hérode le Grand, ce palais-forteresse s'élève tel un éperon rocheux en plein désert aride. Stratégiquement imprenable, renforcé par des fortifications massives et abritant de sublimes palais de style classique, il s'impose comme un puissant symbole de résistance…, qui tomba pourtant aux mains des Romains. Profitez des bienfaits de la boue de la mer Morte et de l'agréable sensation de flotter sur les eaux salées de cette mer mythique. Vu sa

salinité, environ 10% plus élevée que celle des mers, aucun poisson ou algue (sauf les espèces microscopiques) ne peuvent y vivre. Mais la haute teneur en sel lui donne une si grande masse volumique que le corps humain y flotte!

Jour 8

Mer Morte – Tel Aviv
165 km

De retour à Tel Aviv, musardez dans le vieux quartier de Jaffa. Autrefois port important, il revendique aujourd'hui son caractère bohème. Découvrez aussi le quartier bobo de Neve Tzedek, qui fourmille de galeries d'art et de boutiques d'antiquités. Profitez de la vie nocturne animée de Tel Aviv en prenant un verre de vin israélien ou une bière de microbrasserie dans un bar local.

L'Asie gourmande

Vignes près de Mendoza, Argentine

Les Amériques gourmandes

Les Amériques gourmandes

5 jours

De **Beamsville** à **Niagara Falls**

....

Pour qui ? Pourquoi ?

✗ *Voici un itinéraire qui ravira les amateurs de vin, d'adresses de charme gourmandes et de paysages bucoliques.*

....

Inoubliable...

✗ *Parcourir les charmantes petites routes de la péninsule et découvrir de vrais petits coins de paradis.*

✗ *En apprendre davantage sur le travail des vignerons et comparer les différents crus.*

✗ *Admirer les nombreux bâtiments historiques du centre de Niagara-on-the-Lake.*

La **péninsule du Niagara :** des vins venus du froid

Selon **Annie Gilbert**

Plus de 75% des vignes canadiennes se trouvent dans la péninsule du Niagara, dans la province canadienne de l'Ontario, ce qui en fait la région vinicole la plus importante au pays. La Route des vins, qui compte une centaine de vignobles, permet de faire de belles découvertes dans un cadre enchanteur. Ses jolies petites routes de campagne traversent de charmants villages où vous trouverez de bonnes tables, de mignonnes auberges et d'agréables boutiques. Sans oublier les nombreux vignobles qui combleront tout amateur de vin, particulièrement ceux qui apprécient ce divin nectar qu'est le vin de glace.

Sur les routes de la péninsule

Vendanges

Tawse Winery, Vineland

Itinéraire gourmand

Jour 1

Beamsville – Grimsby – Vineland 30 km

Entamez votre séjour aux Hidden Bench Vineyards and Winery, un petit producteur des environs de Beamsville considéré, année après année, comme l'un des meilleurs vignobles au Canada. Ses vins sont en effet de qualité supérieure et l'on y trouve une rareté: un Meritage blanc fait de sémillon et de sauvignon blanc. Si la météo le permet, faites un détour par la magnifique Grimsby Beach, sur le lac Ontario. Dirigez-vous ensuite vers Vineland, où vous pourrez visiter la Tawse Winery, qui produit des crus régulièrement primés, puis allez explorer le vignoble Megalomaniac, qui offre une vue spectaculaire sur les environs – à l'intérieur, la salle de dégustation, avec ses airs de caverne, est de toute beauté. Arrêtez-vous ensuite à l'une ou l'autre des fermes des environs qui proposent la cueillette de fruits, notamment des cerises, des prunes et des pêches.

Jour 2

Vineland – Jordan – St. Catharines 25 km

Ce matin, partez pour Jordan, où vous prendrez le petit déjeuner dans l'un des agréables restaurants du village. Rendez-vous ensuite au vignoble Flat Rock Cellars, dont la boutique offre une magnifique vue sur les vignes. Spécialisé dans le pinot noir, le chardonnay et le riesling, il produit de très bons vins. Faites route vers St. Catharines, où vous ferez un arrêt à la 13th Street Winery, renommée pour son vin mousseux, particulièrement le rosé. Sa boutique est superbe, avec plusieurs œuvres d'art, et son personnel est passionné. Profitez de votre passage pour aller voir l'extérieur de la boutique où sont exposées plusieurs sculptures. Puis, faites une dizaine de kilomètres jusqu'au vignoble Hernder Estate Wines, où, dès votre arrivée, vous serez ébloui par la beauté du site. Logée dans une ancienne grange ornée de superbes vitraux, la boutique propose à la clientèle de découvrir les différents crus de la maison. Non loin se

Les Amériques gourmandes

Niagara Falls

Ravine Vineyard Estate Winery

Le vin de glace

Le vin de glace, ou *ice wine*, est le plus connu de tous les vins de la péninsule du Niagara. La région est d'ailleurs devenue le principal producteur de ce type de vin dans le monde, surpassant même l'Allemagne à ce titre.

C'est le gel qui permet l'élaboration du vin de glace. L'automne venu, le raisin est laissé sur le cep jusqu'à la première gelée pour qu'il soit attaqué par le *Botrytis cinerea*, un champignon microscopique qui se développe sur la peau du raisin. Pour se nourrir, ce champignon absorbe une bonne partie de l'acidité, de l'eau et un peu du sucre du raisin, permettant ainsi une concentration du sucre dans la pulpe. Ce phénomène est appelé « pourriture noble » et permet l'élaboration d'un vin liquoreux. Les raisins gelés sont cueillis et immédiatement pressurés, de sorte que l'eau remonte à la surface sous forme de glace et qu'au fond de la cuve se dépose un jus concentré qui sera par la suite fermenté.

trouve le vignoble Henry of Pelham Family Estate. Goûtez au baco noir, un cépage plutôt rare produisant des vins riches en alcool et un peu amers, mais qui s'amé-liorent en vieillissant. Une visite guidée permet d'en apprendre plus sur l'histoire du vignoble, de se promener parmi les vignes et de déguster quelques vins. En

soirée, mangez à l'une des bonnes tables de St. Catharines.

Jour 3
St. Catharines – St. Davids
17 km

Dirigez-vous aujourd'hui vers St. Davids, où se trouvent deux magnifiques vignobles. Le domaine Château des Charmes porte très bien son nom. L'impressionnant bâtiment rappelle justement certains châteaux français. On s'attendrait à y trouver des crus hors de prix, mais il en est tout autrement, les vins sont ici très abordables. Il s'agit également de l'un des rares vignobles de la région à cultiver le cépage aligoté. Poursuivez votre route. De loin, la vue sur la jolie maison blanche datant du début du XIXᵉ siècle, installée au bout de

Les Amériques gourmandes

Niagara-on-the-Lake

la Ravine Vineyard Estate Winery, est de toute beauté. Il faut d'ailleurs traverser les vignes pour s'y rendre. L'intérieur de la maison respire l'histoire et, en plus de la boutique, un magasin général permet de faire quelques achats de produits locaux. Un bâtiment moderne adjacent loge un excellent restaurant. À goûter : le Meritage, une appellation de qualité accordée à un assemblage (cabernet sauvignon, cabernet franc et merlot, dans ce cas-ci), que l'on ne retrouve que dans certains « vins du Nouveau Monde ».

Jour 4

St. Davids – Niagara-on-the-Lake 30 km

En route vers Niagara-on-the-Lake, faites un arrêt aux Southbrook Vineyards, l'un

des vignobles les plus intéressants de la région. Les propriétaires ont privilégié l'agriculture biologique et ont fait appel à des architectes renommés pour la construction du pavillon d'accueil et de dégustation. L'étonnant bâtiment rectangulaire profite d'un judicieux éclairage naturel et offre une vue splendide sur les vignes à l'arrière. Ne manquez pas de goûter aux délicieux vins de ce producteur unique. Rendez-vous ensuite à la Konzelmann Estate Winery, l'un des plus vieux vignobles de la région, et le seul situé sur le bord du lac Ontario. Ses vins de glace sont particulièrement appréciés. Faites ensuite halte à la Peller Estates Winery pour vous procurer son incontournable vin pétillant. Son secret? On lui ajoute un peu de vin de glace, qui lui confère une petite note sucrée très

agréable. En soirée, déambulez dans la très agréable rue Queen de Niagara-on-the-Lake et attablez-vous à l'une des terrasses.

Jour 5

Niagara-on-the-Lake – Niagara Falls 35 km

Terminez cette tournée de la Route des vins en visitant les deux vignobles ontariens les plus connus à travers le monde : Inniskillin Wines, qui fut le premier de la région à produire du vin de glace, et la Jackson-Triggs Winery, le vignoble le plus primé du Canada. Une visite dans ce coin de l'Ontario ne saurait être complète sans un petit détour pour voir les chutes du Niagara, le site naturel le plus spectaculaire de la province.

Les Amériques gourmandes

♟ Quand y aller ?

L'hiver a certainement ses charmes, mais pour découvrir le côté gourmand du Québec, mieux vaut opter pour une visite entre mars et octobre. Le printemps, l'été et l'automne réservent chacun leurs récoltes et leur activités gourmandes.

Île d'Orléans

♟ **9 jours**

♟ Boucle au départ de **Montréal**

Pour qui ?
Pourquoi ?

✗ *Pour ceux qui recherchent les grands espaces, la nature, les saveurs variées et les rencontres avec des gens chaleureux, toujours prêts à faire découvrir et apprécier leur coin de pays aux visiteurs.*

Inoubliable...

✗ *S'offrir un repas dans une cabane à sucre, une tradition printanière bien ancrée, et surtout découvrir les succulents produits de l'érable du Québec.*

✗ *Savourer une assiette de homard face au roché Percé.*

✗ *Faire un pique-nique dans l'un des beaux parcs publics de Montréal, après avoir fait des provisions au marché Jean-Talon.*

Prendre la route à la découverte des **saveurs québécoises**

*Selon **Véronique Leduc***

L e Québec vit au rythme des quatre saisons, qui influencent aussi l'alimentation de ses habitants. Ici, le printemps, l'été, l'automne et l'hiver réservent chacun leurs surprises alors que, chaque année, les Québécois retrouvent certaines habitudes alimentaires liées aux saisons. Choisissez bien le moment de votre visite puisqu'il inspirera le contenu des assiettes et dictera vos découvertes culinaires. Le territoire québécois est extrêmement vaste et il est impossible de penser tout découvrir en un seul séjour. La meilleure option est certainement de prendre la route en se laissant guider par le choix de nombreux attraits gourmands.

Repas de cabane à sucre

Marché Jean-Talon, Montréal

Les routes gourmandes

Le Québec compte une vingtaine de routes agrotouristiques conçues pour guider ceux-ci dans leurs découvertes gourmandes. Dans la plupart des régions, les visiteurs peuvent donc suivre des trajets mis de l'avant par les services locaux d'accueil touristique qui leur proposeront des arrêts chez des producteurs et des artisans. Au programme : découverte de microbrasseries, fermes, vignobles, mielleries, vergers, chèvreries ou courgeries, avec visites des installations, dégustations, activités et boutiques sur place.

Itinéraire gourmand

Jour 1

Montréal

Commencez votre voyage en découvrant le Vieux-Montréal, cœur historique de la plus grande ville du Québec. Pour le lunch, remontez le boulevard Saint-Laurent et faites une pause dans l'un des restaurants dont la spécialité est le sandwich à la viande fumée, ou *smoked meat*, mets pour lequel la ville est réputée. Si vous préférez, partez en repérage des camions de cuisine de rue qui, au grand bonheur des Montréalais, ont réinvesti la ville depuis quelques années avec une multitude de plats savoureux. On en trouve plusieurs autour du Quartier des Spectacles.

Jour 2

Montréal – Québec
275 km

Entre Montréal et Québec, arrêtez-vous dans la région de Lanaudière ou de la Mauricie. Si vous effectuez votre tournée au printemps, réservez votre place dans une cabane à sucre familiale pour vous prêter au jeu d'un repas traditionnel avec soupe aux pois, omelette, fèves au lard, jambon, oreilles de crisse (croustilles de lard salé frites) et tire d'érable sur la neige. En été, arrêtez-vous plutôt pour cueillir des fraises ou des framboises. Pendant le trajet, lorsque vous croisez une cantine typique de bord de route comme il y en a des centaines à travers le Québec, prenez le temps de goûter à la fameuse poutine, un plat populaire québécois fait de frites, de sauce brune et de fromage en grains.

Jour 3

Québec et l'île d'Orléans

Au Québec, le brunch est presque une religion. Dans la ville historique de Québec, attablez-vous devant des œufs, du bacon, des crêpes et des fruits frais que vous arroserez de sirop d'érable. Prenez ensuite la route de l'île d'Orléans afin d'en faire le tour. Observez les paysages sereins d'une grande beauté et arrêtez-vous chez les artisans afin de faire provision de confitures maison,

 Les Amériques gourmandes

Fleurs comestibles, Jardins de Métis

Kamouraska

Récolte de l'eau d'érable

Microbrasserie Le Naufrageur, Carleton-sur-Mer

Qu'est-ce que la cuisine québécoise?

Si la cuisine québécoise a longtemps été associée à un répertoire folklorique fait de ragoûts, de tourtières et de pommes de terre, les choses ont bien changé depuis quelques années. Aujourd'hui, les Québécois sont fiers de leur cuisine et savent mettre de l'avant les nombreux produits du terroir dans des restaurants plus originaux les uns que les autres. Malgré tout, la cuisine québécoise, parce qu'elle est jeune, qu'elle est riche d'origines diverses et que le territoire est vaste, reste certainement encore à définir. D'ailleurs, aujourd'hui, des livres et des magazines se penchent sur le sujet, et des événements sont organisés afin de savoir comment se positionner quand vient le temps de présenter la gastronomie québécoise à l'étranger. Les produits de l'érable, les petits fruits, les pommes, les cidres, bref, la variété des aliments que permettent les quatre saisons fait assurément partie de la réponse...

de vins québécois, d'alcools de cassis, de fromages et de bières locales. Pour vous familiariser avec la cuisine des Premières Nations, dînez au restaurant La Traite de l'Hôtel Musée Premières Nations, situé à quelques minutes de voiture de Québec.

Jour 4
Québec – Grand-Métis
355 km

Partez tôt afin de profiter d'une belle lumière sur le fleuve Saint-Laurent pendant le trajet. Pour le lunch, arrêtez-vous aux Jardins de Métis. De juin à septembre, à la Villa Estevan, qui se trouve sur le site, on sert des assiettes gastronomiques inspirées des produits du terroir. Puis, en après-midi, visitez ces vastes jardins à l'anglaise, reconnus mondialement.

Jour 5
Grand-Métis – Gaspé
340 km

En Gaspésie, la route fait partie du voyage puisqu'on y longe toujours le fleuve, devenu mer à cet endroit. C'est d'ailleurs la raison pour laquelle la région est réputée pour ses plats de fruits de mer et de poisson. À Gaspé, commandez une bouillabaisse gaspésienne, une soupe de poisson traditionnelle, une salade de crevettes de Matane ou une entrée de bigorneaux, de petits escargots de mer. Si vous avez le temps, réservez une croisière d'observation des baleines au départ du magnifique parc Forillon.

Jour 6
Gaspé – Percé 65 km

À moins d'une heure de route de Gaspé, Percé est un incontournable. Visitez le Géoparc, où une exposition interactive met en vedette le rocher Percé, icône de

Les Amériques gourmandes

Le long du fleuve, Gaspésie

la Gaspésie. Faites ensuite une randonnée en montagne jusqu'au sommet du mont Saint-Anne, où vous aurez accès à une plateforme vitrée suspendue qui offre une vue panoramique sur le rocher Percé, l'île Bonaventure et la ville de Percé. De retour en ville, récompensez-vous avec un repas de homard : bisque, pizza, poutine (!) ou sandwich au homard, ou osez le crustacé entier, à décortiquer.

Jour 7

Percé – Carleton-sur-Mer

215 km

Poursuivez votre tour de la péninsule gaspésienne jusqu'à Carleton-sur-Mer. Sur la route, faites un arrêt dans un des casse-croûte qui servent des guédilles (en pains à hot-dog) au crabe, au homard ou aux crevettes. À Carleton-sur-Mer, passez la soirée à la microbrasserie Le Naufrageur et profitez de l'ambiance bon enfant.

Jour 8

Carleton-sur-Mer – Kamouraska **410 km**

Pour couper le trajet en deux sur la route du retour, passez une nuit dans un des plus beaux villages du Québec. Kamouraska est reconnu pour ses galeries d'art, ses cafés et ses bistros. Quelques commerces vendent les saucissons, fromages, herbes salées et bières de la région. Faites-en provision et savourez le tout sur les rochers près de l'eau.

Jour 9

Kamouraska – Montréal **400 km**

De retour à Montréal, empruntez un Bixi, soit un des 6 250 vélos en libre-service disponibles dans 540 stations à travers la ville. Faites une razzia de bagels chauds dans l'un des commerces du Mile-End où ils sont cuits sur le feu devant vous. Toujours à vélo, rendez-vous au marché Jean-Talon, l'un des plus grands marchés à ciel ouvert en Amérique du Nord. Avec vos achats, faites un pique-nique dans l'un des nombreux parcs de la ville, afin de bien profiter des derniers moments de votre séjour « à la québécoise ».

Les Amériques gourmandes

Vallée de l'Okanagan

Les Amériques gourmandes

🍴 **2 jours**

🍴 De **Kelowna** à **Osoyoos**

Pour qui ? Pourquoi ?

✗ *Un circuit sur mesure pour les amateurs de vin et de paysages grandioses.*

Inoubliable...

✗ *Admirer le lac Okanagan tout en dégustant quelques crus.*

✗ *Mordre dans un fruit mûr fraîchement cueilli.*

✗ *Explorer l'unique vignoble Nk'Mip Cellars.*

Découvrir les vins de la **vallée de l'Okanagan**

*Selon **Annie Gilbert***

La vallée qui borde le lac Okanagan, tapissée d'arbres fruitiers, forme l'une des plus belles régions de la province canadienne de la Colombie-Britannique. Se balader sur ses petites routes est des plus agréables et vous fera découvrir certains de ses trésors cachés, dont de nombreux vignobles. Deuxième région vinicole en importance au Canada après celle de la péninsule du Niagara, la vallée de l'Okanagan offre en effet une occasion mémorable de découvrir des vignobles tout à fait originaux dont les vins sont régulièrement primés.

Nk'Mip Cellars

Récolte de Pinot gris

Petite histoire du vin de l'Okanagan

C'est en 1859 qu'un oblat français, le père Charles Pandosy, planta les premières vignes près de Kelowna, pour assurer l'approvisionnement en vin de messe de la mission catholique qu'il dirigeait. Le climat se prêtant à merveille à l'épanouissement des vignes, Calona Vineyards, le premier vignoble commercial de l'Okanagan, ouvrit ses portes en 1932. En 1988 fut créée la Vintners Quality Alliance (VQA), qui aujourd'hui encore garantit un standard de qualité des vins produits dans la région. Accumulant prix et reconnaissances internationales au fil des ans, les vins de la région se sont forgé une solide réputation.

Itinéraire gourmand

Jour 1

Kelowna – Penticton
65 km

Commencez votre séjour à Kelowna, au BC Wine Museum & VQA Wine Shop, qui relate entre autres l'histoire vinicole de la région. Rendez-vous dans le nord de la ville, où vous pourrez goûter aux vodkas, gins et whiskys produits par Urban Distilleries. Dirigez-vous ensuite vers l'incontournable vignoble Mission Hill Family Estate. Ses vins sont excellents, l'endroit est grandiose et différents types

de visites y sont proposés. Amateur de pinot noir? Faites un arrêt à la Quails' Gate Estate Winery, un vignoble familial reconnu pour ses vins de ce cépage. Profitez de votre passage pour déguster un repas au restaurant du vignoble, l'une des très bonnes tables de la région. Terminez la journée à la Frenz Winery, un petit vignoble très réputé des environs de Penticton, dont la production est très vite écoulée.

Jour 2

Penticton – Oliver – Osoyoos **65 km**

Avant de quitter Penticton, faites un arrêt au Penticton & Wine Country Visitor Centre, qui renferme un magnifique cellier

avec de nombreux vins de la région. Si vous manquez de temps, sachez que c'est l'endroit rêvé pour se procurer quelques bonnes bouteilles. Découvrez ensuite, près d'Oliver, l'un des vignobles canadiens les plus célèbres, Inniskillin, réputé pour son vin de glace. Puis, faites route vers la Burrowing Owl Estate Winery, une maison qui produit des vins fins et délicats dans un magnifique cadre, à mi-chemin entre Oliver et Osoyoos. Terminez cet itinéraire à Osoyoos, par une visite au vignoble Nk'Mip Cellars, qui a la particularité d'être le premier vignoble nord-américain détenu et géré par des Autochtones. Non seulement son vin est-il reconnu, mais la vue depuis la terrasse du restaurant est tout simplement fantastique.

Les Amériques gourmandes

125

Central Park

👨‍🍳 **4 jours**

👨‍🍳 Séjour à **New York**

Les Amériques gourmandes

Pour qui ?
Pourquoi ?

✗ *Pour ceux qui aiment la vie urbaine, qui ont envie de découvrir de nouvelles facettes de New York et de sortir des sentiers battus.*

Inoubliable...

✗ *Profiter de la vue qu'offre le nouvel observatoire du World Trade Center.*

✗ *Casser la croûte à Central Park, comme le font les New-Yorkais.*

✗ *Prendre un verre sur une terrasse du borough de Queens en observant la silhouette de Manhattan.*

New York :
des créations culinaires toujours en vogue

*Selon **Véronique Leduc***

New York est magique! Peu importe le nombre de séjours qu'on y a fait, il y a toujours quelque chose de nouveau à découvrir, et à goûter, dans la Grosse Pomme. Bien sûr, il existe les classiques que les visiteurs ne se lassent pas de revisiter, mais désormais on y trouve aussi des quartiers revitalisés qui valent franchement le détour. Au travers de cette exploration, New York se fait gourmande : elle est autant la reine de la cuisine de rue que celle des adresses chics.

CANADA

Québec
Ottawa • Montréal
Toronto
• Boston
Chicago
■ **New York**
Philadelphie
ÉTATS- Washington
UNIS

Océan Atlantique

Little Italy

LIC Landing

Préparation d'un Manhattan

Itinéraire gourmand

Jour 1

Manhattan classique

Pour une arrivée en douceur dans la plus grande ville des États-Unis, dirigez-vous vers Central Park, le poumon de New York. À proximité du parc, entrez dans un café pour commander des sandwichs ou dans un *deli* pour faire le plein de *bagels*, que vous pourrez ensuite savourer, comme le font les New-Yorkais, sur les bancs de Central Park. La meilleure façon d'explorer la ville est certainement de marcher. Ainsi, flânez vers le sud afin de découvrir les rues et les commerces des différents

À la mode de New York

New York est précurseur de tendances, et c'est le cas aussi en alimentation. La salade Waldorf (pommes, céleri et noix liés par une mayonnaise), le *cheesecake*, les œufs bénédictine, les *pasta primavera* (pâtes servies avec des légumes frais), le *Reuben steak sandwich* (sandwich au corned-beef, à la choucroute et au fromage) les *cupcakes*, les *cronuts* (sorte de croissants frits comme des beignets) et les cocktails Manhattan (whiskey, vermouth et bitter) et Cosmopolitan (vodka, liqueur d'agrumes, jus de canneberge et citron vert) seraient tous nés ou auraient du moins été popularisés dans la Grosse Pomme. Lors de votre visite, soyez curieux… Vous pourriez découvrir le prochain mets à la mode.

quartiers. En chemin, arrêtez-vous à un kiosque installé sur le trottoir. Après tout, New York est réputée pour sa cuisine de rue! Optez pour un bretzel géant, un hot-dog ou des marrons chauds, tous des

classiques des marchands ambulants. Puis, profitez d'un autre îlot de verdure au parc linéaire Highline, où fleurs et arbustes parsèment le chemin de fer déchu de l'ancien Meatpacking District,

 Les Amériques gourmandes

127

Cronuts

Reuben steak sandwich

Cheesecake

Shish Kebab

HALAL

qui comptait autrefois 250 abattoirs et boucheries. La ville est riche de son métissage culturel, qui se ressent aussi en cuisine. En soirée, visitez le quartier italien (Little Italy) pour savourer une pizza, des pâtes fraîches ou un *gelato* avant de vous diriger vers le classique des classiques, Times Square, pour profiter de son ambiance unique.

Jour 2

Lower Manhattan : nouvelle vie

Aujourd'hui, louez un vélo en libre-service du système Citi Bike et roulez sur la piste qui longe le fleuve Hudson du côté ouest de l'île à partir du pont George Washington jusqu'à Battery Park City. Ce quartier du Lower Manhattan s'est complètement

réinventé après le 11 septembre 2001. Après des années difficiles, les familles s'y installent aujourd'hui, des commerces y voient le jour et les visiteurs y flânent. Visitez le site du World Trade Center, son mémorial, son musée et son observatoire situé

au 100e étage, d'où la vue est splendide. En soirée, choisissez parmi les nouveaux restaurants et terrasses du quartier : bars à huîtres près de l'eau, bistros avec vue sur la statue de la Liberté, terrasses sur le toit des hôtels… Le choix est vaste.

Cuisine de rue

New York ne serait pas New York sans ses camions et kiosques de cuisine de rue ouverts à toute heure du jour et de la nuit. Depuis une dizaine d'années, les *falafels*, *dumplings*, *tacos*, *grilled cheeses*, *smoothies*, beignes et gaufres ainsi que les crèmes glacées bios ont fait leur place auprès des traditionnels bretzels, hot-dogs et marrons chauds. Grâce à des lieux publics aménagés au centre des rues ou sur des carrés de béton autrement inoccupés, il n'a jamais été aussi agréable de manger dehors. Certaines agences touristiques proposent même des visites guidées qui promettent de faire découvrir l'offre variée des marchands ambulants, et ainsi d'en apprendre plus sur la culture métissée de la métropole.

Lower Manhattan

Jour 3

Découverte du Queens

Il est rare que les visiteurs prennent le temps de sortir de l'île de Manhattan, mais les choses doivent changer! Le Queens, par exemple, vaut le détour. Une seule station de métro ou 20 minutes de traversier séparent Midtown Manhattan de ce *borough*. Arrivé de l'autre côté de l'East River, rendez-vous à LIC Landing, un lieu public récent, loin du brouhaha, qui borde l'eau dans le quartier de Long Island City. Profitez des espaces verts, prenez un café et, surtout, offrez-vous la meilleure vue sur Manhattan. Explorez ensuite les artères commerçantes que sont Vernon Street, à Long Island City, ou Ditmars Boulevard, dans le quartier voisin d'Astoria, où des restaurants bran-chés, des cafés, des galeries d'art, des boutiques et des fabricants de *gelati* ont pignon sur rue. En fin de journée, partez à la découverte des microbrasseries du Queens. Parmi la dizaine qu'on y retrouve, ciblez-en une ou deux, faites une visite guidée et goûtez les bières. Dans certains cas, on peut manger sur place, assister à un spectacle ou jouer à des jeux de société.

Jour 4

Art et culture dans le Queens

En avant-midi, partez à la découverte des expositions d'art moderne du MoMA PS1, une annexe du célèbre Museum of Modern Art (MoMA) de Manhattan, instal-lée depuis 1976 dans une ancienne école de Long Island City. Après la visite, prenez le lunch chez M. Wells Dinette, le resto du musée, tenu par le chef québécois Hugue Dufour. En après-midi, changez d'atmos-phère et rendez-vous dans le quartier chinois de Flushing, fréquenté par les New-Yorkais qui apprécient la cuisine asiatique. On y trouve de nombreux établissements dont le décor ne paie pas de mine, mais où des plats savoureux et authentiques sont servis. Laissez-vous surprendre! Pour terminer votre séjour en beauté, habillez-vous chic et comman-dez un cocktail sur la terrasse installée sur le toit du Z Hotel, à Long Island City, certainement le meilleur endroit en ville pour observer le soleil se coucher sur Manhattan.

Les Amériques gourmandes

🍴 **Quand y aller ?**

Le Mardi Gras est l'apogée de semaines de festivités, de concerts et de défilés s'étalant du jour de l'Épiphanie (6 janvier) jusqu'au carême, qui débute le mercredi des Cendres, en février ou mars. En mai, la New Orleans Wine & Food Experience est par ailleurs l'occasion de faire le plein de découvertes culinaires.

Vieux Carré français

Les Amériques gourmandes

🍴 **3 jours**

🍴 Séjour à
La Nouvelle-Orléans

Pour qui ?
Pourquoi ?

✗ *Pour les amateurs de bonne chère, de musique et de vie nocturne.*

Inoubliable…

✗ *Se balader dans le dédale des rues du Vieux Carré français en levant les yeux pour admirer l'architecture espagnole et créole des immeubles, avec leurs balcons de fer forgé.*

✗ *Fureter à travers les étals du French Market pour découvrir et savourer les spécialités culinaires de la Louisiane.*

✗ *Se promener en soirée le long de Bourbon Street ou de Frenchmen Street, bordées de boîtes de jazz d'où s'échappent les mélodies de trompettes.*

La Nouvelle-Orléans :
po'boy, jambalaya et autres délices

Selon **Frédérique Sauvée**

M osaïque de cultures, de saveurs et de couleurs, La Nouvelle-Orléans est une ville fascinante qui ne ressemble à aucune autre. L'identité singulière de son cœur historique et des quartiers alentours puise son caractère dans une riche architecture coloniale façonnée tour à tour par la main des Français, des Espagnols et des Américains. Ce métissage culturel prévaut toujours aujourd'hui dans tous les domaines qui distinguent La Nouvelle-Orléans, que ce soit l'art, la musique ou la gastronomie. « Laissez les bons temps rouler », comme s'amusent à dire ses habitants, et arpentez les différents quartiers de celle que l'on surnomme « The Big Easy », « The Crescent City », ou encore « NOLA ».

Jambalaya

Po'boy

Cuisine créole vs cuisine cajun

Les similarités entre les cuisines créole et cajun proviennent de l'héritage français commun à ces deux cultures, tandis que leurs dissemblances découlent de la manière dont leurs populations respectives ont utilisé les aliments indigènes trouvés à leur arrivée en Louisiane. Les Créoles, des citadins plutôt aisés issus de la colonisation européenne, ont conservé les grandes traditions de la cuisine française tout en s'inspirant des influences culinaires espagnoles, africaines et amérindiennes rencontrées au fil des ans. Les Cajuns, descendants des Acadiens et habitants ruraux des bayous du sud-est de la Louisiane, ont quant à eux très rapidement tiré parti des ressources de la terre et des rivières pour adapter leurs recettes à leur nouvel environnement. C'est ainsi que des traditions culinaires de racines françaises ont évolué différemment en fonction des peuples qui les ont façonnées.

On peut prendre l'exemple de la préparation du roux, la base d'un grand nombre de plats locaux. Si les Créoles ont l'habitude de le faire selon la tradition française avec du beurre et de la farine, les Cajuns, eux, utilisent du lard comme matière grasse, ce qui lui donne une couleur plus foncée. Autre exemple, le *gumbo*, une spécialité locale qui combine bouillon épicé, légumes et viande ou crustacés, est constitué chez les Créoles d'une base de tomates, ce qui le rend liquide comme une soupe, contrairement au *gumbo* cajun, qui n'utilise qu'un roux traditionnel et s'apparente alors à un ragoût.

Itinéraire gourmand

Jours 1 et 2

Le Vieux Carré français

Vous n'aurez pas trop de deux jours pour explorer le plus célèbre quartier de la ville. Découvrez le Jackson Square et la cathédrale St. Louis, le fameux French Market et l'historique Royal Street, bordée d'immeubles aux pittoresques balcons en fer forgé. Inscrivez-vous à un atelier de cuisine de la New Orleans School of Cooking, à la fois école et boutique culinaire. Ponctuez vos balades de pauses dans des établissements légendaires comme le Café du Monde, pour goûter à ses fameux beignets frits abondamment saupoudrés de sucre glace, ou le Central Grocery, où fut inventé le *muffuletta*, un pain au sésame dans lequel on insère des charcuteries, des olives et du fromage.

Le soir, choisissez des restos typiques pour essayer des spécialités comme le *gumbo* ou le *po' boy*, un sandwich de bœuf rôti, de crevettes ou d'huîtres frites, ou optez pour un pèlerinage gastronomique au K-Paul's Louisiana Kitchen, du chef cajun Paul Prudhomme, pour savourer des plats traditionnels de la cuisine louisianaise, comme le *blackened fish*, un poisson en croûte de beurre aux herbes aromatiques, ou le *jambalaya*, une spécialité à base de viande (souvent de la saucisse), de légumes et de riz, comparable à la paella espagnole. Profitez ensuite de l'atmosphère ludique de Bourbon Street, où s'alignent bars, boîtes de jazz et discothèques sur 1,5 km.

Jour 3

Saint Charles Avenue – Garden District – Faubourg Marigny

Montez aujourd'hui à bord du célèbre Saint Charles Avenue Streetcar, puis faites halte au Southern Food and Beverage Museum pour en apprendre davantage sur la culture culinaire du sud des États-Unis. Visitez ensuite le Garden District, un quartier qui doit son nom aux somptueux jardins qui agrémentent ses demeures. Explorez finalement le Faubourg Marigny, un secteur tranquille sillonné de rues aux belles maisons créoles, où se trouve également la rue Frenchmen et ses boîtes de jazz de renom.

 Les Amériques gourmandes

Quand y aller ?

En août, pour profiter du Maine Lobster Festival, qui gravite tout naturellement autour du célèbre homard et autres fruits de mer (palourdes, crevettes et moules) du Maine.

Old Orchard Beach

Les Amériques gourmandes

🍴 **4 jours**

🍴 De **Portland** à **Boston**

....

Pour qui ?
Pourquoi ?

✗ Voici un itinéraire qui ravira les amateurs de fruits de mer et de paysages côtiers.

....

Inoubliable...

✗ Déguster un lobster roll *à une table de pique-nique en bord de mer.*

✗ Explorer le Boston Public Market *et faire le plein de produits de la Nouvelle-Angleterre.*

✗ Découvrir les spécialités que sont la New England Clam Chowder *et les* Boston baked beans.

Plaisirs côtiers de la **Nouvelle-Angleterre**

Selon **Annie Gilbert**

Sur une carte géographique, la Nouvelle-Angleterre, berceau des États-Unis, découpe sa silhouette à l'extrémité nord-est du pays. Elle paraît se dresser face à la mer, semblable aux phares disséminés le long de sa côte, à la façon d'une gardienne séculaire des premiers événements qui forgèrent la nation américaine. Mais au-delà des paysages maritimes et des lieux culturels, la Nouvelle-Angleterre cache une gastronomie d'exception. Ce circuit, qui longe la côte entre le Maine et le Massachusetts, permet de la découvrir.

La New England clam chowder

La *New England clam chowder* (on prononce « chowdah » à Boston), ou chaudrée de palourdes de la Nouvelle-Angleterre, est un riche potage crémeux gorgé de palourdes. Elle ne doit surtout pas être confondue avec le potage à base de tomate qu'est la chaudrée de palourdes dite de Manhattan.

La première référence écrite à la chaudrée date de 1732. Or, si les chaudrées des premiers jours étaient à base de poisson, les palourdes commencèrent à le remplacer dans les années 1850 – la chaudrée de palourdes était d'ailleurs déjà proposée à cette époque au menu de l'Union Oyster House.

Aujourd'hui, le moindre restaurant de fruits de mer digne de ce nom (et bien d'autres qui ne le sont pas) sert une version ou une autre de ce classique de la Nouvelle-Angleterre. Notez cependant que le parfait bol de chaudrée contient un potage crémeux sans être épais dans lequel baignent des palourdes bien tendres.

Portland

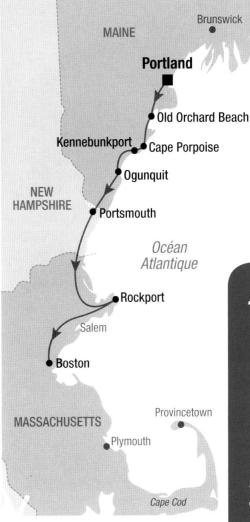

Itinéraire gourmand

Jour 1

Portland (Maine)

Commencez votre séjour à Portland, la métropole du Maine, avec une visite guidée qui va à la rencontre de plusieurs artisans de l'alléchante scène culinaire de la ville. Cela vous aura certainement creusé l'appétit; dirigez-vous donc vers l'Old Port, qui, avec ses petites rues étroites pavées de pierres et de briques et ses nombreux restaurants, se révèle des plus agréables. En après-midi, profitez de votre séjour pour faire une croisière d'observation des baleines. Terminez la journée au Harbor Fish Market, où vous pourrez vous procurer coquillages (huîtres, moules et palourdes), poissons (aiglefin, flétan, espadon…) et fruits de mer (pétoncles, crabe et homard) de première fraîcheur.

Jour 2

Portland – Old Orchard Beach – Cape Porpoise – Kennebunkport – Ogunquit 65 km

En route vers Ogunquit, longez la côte et faites un arrêt à Old Orchard Beach, où s'étend une superbe plage. Vous y verrez aussi le photogénique Pier, presque une institution dans la région. Il accueille une abondance de restaurants, de boutiques de souvenirs et de bars. Poursuivez vers Cape Porpoise, un endroit serein et placide où l'on retrouve le Maine pittoresque. Village côtier avec sa petite baie où sont amarrés d'humbles bateaux de

Les Amériques gourmandes

133

Fried clams

Market Square, Portsmouth

Boston cream pie

Homard et *lobster rolls*, Boston Public Market

Les Amériques gourmandes

pêche, Cape Porpoise s'est taillé une solide réputation auprès des amateurs de homard. Rendez-vous dans l'un des nombreux restaurants en bord de mer pour déguster un *lobster roll* ou des palourdes frites (*fried clams*) bien charnues. À quelques kilomètres, Kennebunkport est très agréable pour flâner et faire quelques achats. En fin d'après-midi, filez vers Ogunquit et empruntez à pied la magnifique Marginal Way, qui mène à Perkin's Cove, un mignon village de pêcheurs agrémenté de délicieuses boutiques d'art, de restaurants et de cafés. À goûter absolument : la chaudrée de fruits de mer (*seafood chowder*), un appétissant potage crémeux à base de homard, palourdes et pétoncles, que vous ferez suivre d'une tarte aux bleuets, fruit par excellence du Maine.

Jour 3

Ogunquit – Portsmouth (New Hampshire) – Rockport (Massachusetts) – Boston 198 km

De bon matin, partez pour Portsmouth, au New Hampshire, où vous entamerez votre visite au Market Square, centre névralgique de la ville. Beaucoup d'animation s'y déroule en été, et de nombreux restaurants et boutiques se trouvent dans les environs. Empruntez le Harbour Trail, un parcours qui fait découvrir plusieurs sites historiques de la ville tout en offrant de jolis points de vue sur le port. Il mène notamment au Strawbery Banke Museum, un musée vivant en plein air où se trouve un fascinant village du XVIIIe siècle. Les

jardins, les tables de pique-nique et le restaurant du site permettent une halte agréable. Rafraîchissez-vous avec une bière de microbrasserie ou un cidre de pomme, ce dernier étant très populaire au New Hampshire. En route vers Boston, au Massachusetts, faites un arrêt à Rockport, une petite communauté qui laissera sans doute dans votre mémoire l'image des casiers à homard empilés près des bateaux colorés et celle des magnifiques paysages sur horizon d'océan, sans oublier les belles découvertes dans de coquettes boutiques.

Jour 4

Boston

Commencez votre journée au Boston Public Market, qui compte une quaran-

Rockport

Les fèves au lard à la bostonienne

Les célèbres *Boston baked beans* se composent de haricots secs qu'on fait lentement cuire au four avec du lard salé, de la mélasse et des oignons. Il s'agit d'un plat nourrissant que les Bostoniens affectionnent tout particulièrement, et ce, depuis les premiers temps de la colonie.

Il existe plusieurs variantes de la recette des fèves au lard, mais aucune n'omet l'ingrédient indispensable qu'est la mélasse. Tout a commencé à l'époque où la ville était un important producteur de rhum, ce qui l'amenait à traiter des quantités considérables de mélasse. Boston participait alors à ce qu'il est convenu d'appeler le fameux « commerce triangulaire », en ce que le rhum était fait avec de la mélasse tirée de la canne à sucre récoltée par des esclaves dans les Antilles, puis envoyée en Afrique pour servir à l'achat de nouveaux esclaves à ramener dans les Caraïbes afin de produire plus de canne à sucre à envoyer, cette fois, à Boston...

taine de kiosques intérieurs où l'on peut se procurer toutes sortes de produits frais qui proviennent exclusivement de la Nouvelle-Angleterre : miel, fromages, pâtisseries, saucissons, saumon fumé... Déambulez dans les rues de la Petite Italie de Boston : Salem Street, une rue étroite qui sent bon la cuisine italienne, dont les effluves s'échappent des multiples épiceries et restaurants du voisinage; puis Hanover Street, où se trouvent de nombreux cafés, pâtisseries et restaurants italiens. Empruntez ensuite le Harborwalk, une jolie promenade au bord de l'eau. En après-midi, explorez l'une des institutions muséales de Boston, soit le Museum of Fine Arts, l'Isabella Stewart Gardner Museum ou l'Institute of Contemporary Art. En soirée, dirigez-vous vers l'Union Oyster House, qui est bien plus qu'un simple restaurant de fruits de mer. L'établissement légendaire, connu de tous les Bostoniens, a été fondé dès 1826, ce qui en fait le plus vieux restaurant en ville. Profitez-en pour goûter à la célèbre chaudrée de palourdes de la Nouvelle-Angleterre et à la décadente *Boston cream pie.*

Les Amériques gourmandes

Route 1

🍴 **Quand y aller ?**

La côte occidentale des États-Unis se visite toute l'année grâce à des microclimats variés. Pour bien profiter de l'Oregon et des plages de la Californie, la saison estivale est à privilégier. Les couleurs automnales laissent toutefois des souvenirs impérissables.

🍴 **18 jours**

🍴 De **Portland**
à **Los Angeles**

Les Amériques gourmandes

Pour qui ?
Pourquoi ?

✗ *Pour les amateurs de routes sinueuses, de villes éclectiques et de gastropubs réinventés, à la recherche de paysages sans cesse changeants entre les arrêts gourmands.*

Inoubliable…

✗ *Parcourir l'une des voies côtières les plus célèbres de la planète.*

✗ *Savourer des produits d'une fraîcheur inégalée dans les marchés de quartier.*

✗ *S'adonner à la randonnée et au surf dans la même journée.*

✗ *Déguster des bières, vins et spiritueux provenant de fûts locaux.*

✗ *Vivre l'effervescence de cette région créatrice de tendances.*

La **Côte Ouest américaine**, un duo terre et mer saisissant!

Selon **Jennifer Doré Dallas**

De l'effervescence brassicole de la Californie aux élans avant-gardistes de Portland, la Côte Ouest américaine se démarque comme l'une des régions créatrices de tendances les plus réputées du pays. Ses métropoles bouillonnantes accueillent des chefs d'envergure internationale animant des événements culinaires innovants dans le respect des produits frais cultivés à proximité. À la fois sauvage et urbaine, cette vaste zone présente tout autant des falaises abruptes à flanc d'océan et des plages de sable blanc que des forêts denses de séquoias géants où le calme surprend!

Hamburger végétarien à l'avocat

Salade californienne aux crevettes

Redwood National Park

Marché fermier, Portland

Itinéraire gourmand

Jours 1 à 3

Portland (Oregon)

Jusqu'aux années 1990, Portland était la plupart du temps négligée par les visiteurs qui souhaitaient explorer la Côte Ouest, ce qui n'est plus le cas aujourd'hui. Posez vos bagages quelques jours dans cette ville dynamique qui a connu une belle croissance au cours des dernières années, afin de vous imprégner des airs urbains et des saveurs locales qui font la renommée de la métropole de l'Oregon. Rien d'étonnant pour une ville qui compte une vingtaine de marchés fermiers et où vous pourrez savourer des produits alimentaires de première qualité en parcourant les différents quartiers aux allures branchées. Déambulez dans les nombreux parcs de *Green City*, surnom de Portland, l'une des villes les plus « vertes » du pays, et photographiez les immenses murales qui ornent les façades d'édifices historiques comme le Portland Memorial Museum. Ne manquez surtout pas de prendre part à un brunch matinal, une tradition dont tous les habitants de Portland raffolent.

Jours 4 à 6

Portland – Redwood National Park (Californie) – Point Reyes National Seashore 1 100 km

Après avoir bien profité du saumon frais, des petits fruits et autres délices de l'Oregon, et avoir traversé le sud de l'État et ses forêts verdoyantes, vous franchirez la frontière californienne et saisirez bientôt l'immensité des séquoias géants qui parsèment le Redwood National Park.

Vallée de Sonoma

Une pause parmi les grands crus du *Wine Country* californien

Longtemps délaissée par les amateurs de vin du monde entier, la Californie peut aujourd'hui se targuer d'avoir mérité sa place parmi les régions productrices des meilleurs crus internationaux. Avec plus de 600 vignobles, les comtés de Napa et de Sonoma font figure de proue aux côtés des grands chefs cuisiniers qui transforment les ingrédients de première qualité en de délicieuses recettes pour accompagner cabernets, chardonnays, pinots, zinfandels et autres cépages de renom. Lorsque les teintes d'automne s'emparent des collines au détour des chemins de campagne, l'art de vivre dans cette région des plus visitées prend tout son sens. Imaginez-vous survoler les vignes à perte de vue en montgolfière ou encore en hélicoptère, ajoutant une touche *glamour* à votre découverte du *Wine Country* californien!

Point Reyes National Seashore

Ghirardelli, San Francisco

Les Amériques gourmandes

Gardez l'œil ouvert pour les pygargues à tête blanche (aigles chauves) près de leurs cimes! Plus au sud, vous aurez accès aux vignobles des réputées vallées de Napa et de Sonoma. À moins que vous ne préfériez vous enfoncer dans l'aire protégée du Point Reyes National Seashore pour un séjour nature en bord de mer.

Jours 7 à 9

San Francisco – Oakland – Berkeley – Sausalito – San Francisco 85 km

Au cœur des quartiers légendaires de San Francisco, les rues en pente testeront vos mollets. L'obsession gourmande de la métropole du nord de la Californie se constate dans ses abondants restaurants au décor invitant, mais aussi dans ses

kiosques de rue aux cuisines diversifiées. Après avoir exploré les attraits classiques comme le Golden Gate Bridge, pour sa vue sur la baie de San Francisco, et la zone touristique de Fisherman's Wharf, pour ses fruits de mer frais, rendez-vous à l'observatoire de Twin Peaks, qui propose un panorama à 360 degrés en surplomb sur la ville. Les banlieues d'Oakland et de Berkeley valent l'escapade d'un jour, tout comme Sausalito et son « village flottant ». De retour à San Francisco, récompensez-vous avec un délectable dessert au chocolat chez Ghirardelli, un célèbre chocolatier originaire de la région et devenu aujourd'hui une véritable institution. Les amateurs de bonheurs givrés raffoleront quant à eux des célèbres sandwichs à la crème glacée *It's it*, créés localement depuis 1928.

Jours 10 à 15

San Francisco – Monterey – San Luis Obispo – Pismo Beach – Santa Barbara 600 km

En longeant la côte en direction de Santa Barbara sur la fameuse route 1, l'un des plus spectaculaires tronçons routiers du monde, les visiteurs s'expliquent aussitôt l'amour inconditionnel des Californiens pour l'océan. Défilent alors d'incontournables localités, comme Monterey, avec son remarquable aquarium donnant sur Cannery Row, une artère rappelant l'époque où la ville était réputée pour ses conserveries de sardines, ainsi que Carmel, Big Sur, Piedras Blancas et Cambria. À San Luis Obispo, partez à la recherche de l'insolite mur de gommes à mâcher, puis

Santa Monica

faites une pause dans le tranquille hameau de Pismo Beach. Du brunch californien aux menus cinq services, accordez suffisamment de temps à la bourgeoise et accueillante Santa Barbara, que l'on surnomme la « Riviera américaine ».

Jours 16 à 18
Santa Barbara – Los Angeles 185 km

Terminez votre séjour sur la Côte Ouest en vous réservant quelques jours pour l'exploration de la mégapole Los Angeles. Quelle que soit votre fringale du moment, retrouvez une multitude de goûts découlant de la cuisine fusion (asiatique, mexicaine, arabe, européenne…) proposée dans d'innombrables restos pour tous les budgets, dispersés aux quatre coins de la ville. Au Griffith Observatory, vous pourrez à

Lorsque gourmandise et bien-être se rencontrent

Comment décrire cet état d'âme typiquement californien qui consiste à développer un art de vivre en harmonie avec l'environnement, tant dans l'assiette que dans les activités du quotidien? À mi-chemin entre une mode et un mouvement de la jeunesse branchée bien implanté, il est souvent confondu à tort avec un essor de nouveaux hippies. Des simples tartines à l'avocat – suivies d'un cours de yoga – aux innombrables jus verts servis dans toutes les agglomérations de la Californie, l'importance de bien manger et de savourer des produits bios régionaux s'avère primordiale pour les adeptes. Malgré l'adoption d'un rythme de vie plus sain et l'abondance des marchés maraîchers et des *health bars*, les restaurants ne dérougissent pas dans le *Golden State*, grâce au véritable essor des établissements dits « de la ferme à la table », qui encouragent le mouvement « locavore », l'art de manger local.

la fois observer les étoiles et jouir d'une vue incroyable sur la ville. Quittez rapidement la folie d'Hollywood au profit de Santa Monica et de ses cafés branchés à quelques pas

de la plage, où salades santé remplies de baies et de noix californiennes et burgers déjantés aux envergures gargantuesques se côtoient tout bonnement.

 Les Amériques gourmandes

139

Quand y aller?
L'été austral, qui apporte des températures agréables dans tout le pays, est le meilleur moment. En novembre, les jacarandas fleurissent Buenos Aires, enveloppant la ville d'un bleu violacé. Les amateurs de vin préféreront l'automne (mars et avril).

Buenos Aires

Les Amériques gourmandes

9 jours

De **Mendoza** à **Buenos Aires**

Pour qui?
Pourquoi?

✗ Pour découvrir la culture argentine à travers ses coutumes, ses vins et sa cuisine au fil de ses paysages variés.

Inoubliable…

✗ Partager l'asado et le maté, des rituels typiquement argentins.

✗ Déguster certains des meilleurs cépages de l'hémisphère Sud.

✗ Rouler sur une portion de la mythique Ruta 40.

✗ Découvrir les trésors coloniaux de Salta.

✗ S'attabler dans un des restaurants clandestins de Buenos Aires.

L'Argentine, de la coupe à l'assiette!

Selon **Jennifer Doré Dallas**

Des plateaux des Andes aux arides terres septentrionales en passant par l'effervescente Buenos Aires, les grands vignobles du pays où le malbec accompagne les barbecues traditionnels, les restaurants clandestins, ou encore à travers la cuisine de rue dans la province de Salta, abandonnez-vous aux plaisirs gourmands qui vous feront découvrir l'âme de l'Argentine.

Vignobles, région de Mendoza

Salta

Itinéraire gourmand

Jours 1 et 2

Mendoza – Puente del Inca 205 km

Commencez par flâner sur les places publiques et les parcs de Mendoza. Avant de quitter la capitale de l'Ouest, faites une pause sur les terrasses du Paseo Sarmiento ou dans les bars branchés de l'avenue Arístides Villanueva pour vous imprégner de son ambiance cosmopolite.

Fleuron de l'Argentine, l'emblématique malbec prend racine au pied des Andes. L'altitude lui confère de riches et puissants arômes à traquer sur la route des vins, à la rencontre des vignerons passionnés qui ont domestiqué le territoire. Envie de célébrer le vin? Le premier week-end de mars, rendez-vous à la Fiesta de Vendimia, un important festival œnologique qui a lieu dans la région de Maipú.

Le long de la Ruta 7 vers la frontière avec le Chili, vous serez subjugué par l'immensité de la cordillère des Andes, tout particulièrement de l'Aconcagua, célèbre sommet culminant à 6 962 m. La curieuse formation géologique de Puente del Inca et la statue du Christ rédempteur des Andes rivalisent en splendeur et en beauté avec le toit de l'Amérique sauvage dominant ce territoire à la fois riche et désolé.

Le maté

Partager le maté s'inscrit comme une expérience sociale incontournable lors d'un voyage en Argentine. Dans une gourde ou une calebasse évidée, on infuse des feuilles de *yerba mate* broyées dans de l'eau chaude, selon un rituel particulier. À l'aide de la *bombilla*, une paille métallique, chaque convive sirote un peu de la boisson avant de la passer à son voisin. Pour bien des Argentins, cette boisson remplace le café quotidien, à ce point qu'on trouve même des distributeurs d'eau chaude dans les lieux publics!

 Les Amériques gourmandes

Ruta 40

Asado

Préparation de *choripán*

Alfajores

BOLIVIE

Quebrada de Humahuaca

Purmamarca

Salta

San Salvador de Jujuy

PARAGUAY

Asuncion

Rio de Janeiro

São Paulo

BRÉSIL

Océan Pacifique

CHILI

Porto Alegre

URUGUAY

Océan Atlantique

Puente del Inca

Santiago

■ **Mendoza**

Montevideo

Buenos Aires

ARGENTINE

Jours 3 à 6

Puente del Inca – Salta – Purmamarca – Quebrada de Humahuaca

1 700 km

En continuant vers le nord aride par la mythique Ruta 40, vous verrez le paysage se transformer brusquement, au même rythme que la gastronomie locale, inspirée ici par la tradition andine ou inca. Des plats riches et savoureux comme le *humita*, à base de maïs, s'amalgament aux pommes de terre et au quinoa, également populaires dans la Bolivie voisine.

À découvrir, les joyaux coloniaux de Salta et les ragoûts longuement mijotés caractéristiques de la région : *locro* (bœuf, maïs, haricots blancs, courge et chorizo) ou encore *guiso de lentejas* (lentilles). Visitez le musée du Cabildo et la cathédrale de Salta, tous deux situés sur la Plaza 9 de Julio, avant de prendre le téléphérique jusqu'au Cerro San Bernardo, d'où l'on jouit d'une vue panoramique sur la vieille ville.

Une excursion en boucle plus au nord vous permettra de découvrir les ocres de la montagne aux sept couleurs, le Cerro de los Siete Colores, qui se trouve à Purmamarca, ainsi que les Salinas Grandes, une étendue désertique recouverte d'une croûte de sel sur 120 km². Poursuivez ensuite jusqu'à la Quebrada de Humahuaca, un spectaculaire canyon multicolore situé dans la province de Jujuy.

Quebrada de Humahuaca

Les Amériques gourmandes

Culture carnivore

Les effluves de l'*asado*, succulent barbecue argentin, titilleront vos narines bien avant votre arrivée à l'*estancia*. Préparées sur le feu, les grillades de viande rouge constituent non seulement le plat national, mais un événement social de premier ordre. Avec une régularité quasi religieuse, les Argentins se rassemblent autour du feu pour partager des pièces de bœuf accompagnées de *chimichurri*, condiment composé d'herbes, d'oignons et d'ail. Le vin des vignobles voisins et le Fernet-Branca coulent à flots tout au long de la soirée. Au quotidien, l'*empanada*, une pâtisserie salée frite ou cuite au four, témoigne de la passion carnivore des Argentins. Elle constitue le repas rapide le plus répandu et le plus économique d'Argentine. Comme la garniture varie d'une ville à l'autre, on ne s'en lasse jamais!

Jours 7 à 9

Quebrada de Humahuaca – San Salvador de Jujuy ✈ Buenos Aires 145 km

Rendez-vous aujourd'hui à San Salvador de Jujuy, pour y prendre un vol à destination de Buenos Aires, que vous explorerez au cours des prochains jours. Sous les airs européens modernes de Buenos Aires se cachent des habitudes culinaires bien ancrées chez les *Porteños*. Le *choripán*, l'ultime sandwich de rue que l'on se procure à toute heure du jour, en est un bon exemple. Les amateurs de desserts raffoleront des *alfajores*, biscuits caractéristiques débordants de *dulce de leche*, un caramel épais prove-

nant de lait condensé sucré longuement réduit.

Après avoir exploré les nombreux attraits des quartiers populaires de La Boca, Recoleta, Retiro et San Telmo, esquissé

quelques pas de tango et fréquenté l'un ou l'autre des nombreux marchés aux puces, invitez-vous dans la cuisine d'un chef clandestin qui officie dans un de ces restaurants dont les adresses confidentielles sont révélées par le bouche-à-oreille.

143

🍴 **Quand y aller ?**
Il fait bon visiter la Bolivie durant les mois d'août et septembre. Les pluies ont alors cessé et la chaleur est au rendez-vous, permettant de jouir des beautés naturelles de ce pays. Des vêtements chauds demeurent toutefois de mise pour contrer l'altitude et les changements de température le soir venu.

Valle de la Luna

🍴 **7 jours**

🍴 De **Copacabana**
au **Salar d'Uyuni**

Pour qui ?
Pourquoi ?

✗ *Voyager en Bolivie, c'est répondre à une quête de dépaysement à la recherche d'espaces inusités et de fresques naturelles tout en altitude.*

Inoubliable...

✗ *Vivre un moment de quiétude et de « lâcher-prise » au milieu du lac Titicaca.*

✗ *Assister à une authentique soirée festive dans une peña.*

✗ *Vivre l'euphorie et le bourdonnement de La Paz, salteñas à la main.*

✗ *Se fondre dans l'immaculé blanc du Salar d'Uyuni.*

L'authenticité
bolivienne
au cœur des traditions

Selon **Annie Duhamel**

On a le souffle coupé en Bolivie, à cause de l'altitude bien sûr, mais aussi et surtout par la beauté de ses sites naturels, qu'il s'agisse des *lagunas* Colorada et Verde, tout près de la frontière avec le Chili, de l'impressionnante plaine saline toute blanche d'Uyuni ou de ses différents déserts de pierre, de sel et de sable auxquels se greffe une tranquillité fragile. Le calme et l'effervescence sont en dichotomie dans ce pays où se côtoient de petits villages presque désertés et une grande métropole bruyante et animée. Mais en ville comme à la campagne, les traditions et la famille sont au cœur des priorités. Et qui dit traditions, dit aussi repas festifs, nourriture conviviale et simplicité culinaire.

Charquicán

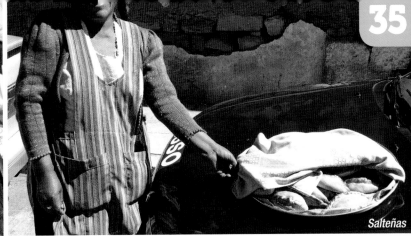

Salteñas

Isla del Sol

Itinéraire gourmand

Jours 1 et 2

Copacabana – Isla del Sol

PÉROU
Cusco

BOLIVIE

Isla del Sol — **Copacabana**
Arequipa — La Paz

Cochabamba — Santa Cruz de la Sierra

Océan Pacifique

Sucre
Potosí

Salar d'Uyuni — Colchani

BRÉSIL

PARAGUAY

CHILI

ARGENTINE

C'est à Copacabana que vous pourrez prendre un bateau qui voguera sur le lac Titicaca jusqu'à vous déposer au bas de l'Isla del Sol, cette île montagneuse dont l'ascension se fait à pied. Vos bagages, quant à eux, seront transportés à dos d'âne. Une fois au sommet de l'île, vous pourrez admirer au loin le Pérou, mais surtout profiter du calme et du coucher de soleil. Ce sera l'occasion idéale pour dîner à la chandelle (l'électricité est très limitée) devant une bonne truite du lac Titicaca préparée à la plancha ou une soupe chaude de quinoa. Le lendemain midi, sillonnez l'île et arrêtez-vous à la terrasse d'un des petits restaurants locaux (souvent rafistolés ou à même les maisons des habitants) pour profiter du soleil plombant tout en savourant une pizza à la truite.

La Paz

Sopa de mani

Variétés de pommes de terre

Les feuilles de coca

Bon nombre de Boliviens mâchent des feuilles de coca qu'ils agrémentent de bicarbonate de soude pour accélérer le processus d'extraction du jus. Cette tradition millénaire aurait de nombreuses vertus, dont la stimulation du système respiratoire, ce qui est idéal en altitude. On retrouve également du maté de coca, thé verdâtre à base de feuilles de coca infusées, souvent servi aux touristes pour les aider à contrer le mal des montagnes.

Jours 3 à 5

Copacabana – La Paz

150 km

À partir de Copacabana, il vous faudra compter plus de trois heures de route avant d'être immergé au cœur du grand centre urbain de La Paz. Vous serez sans doute étonné par la fougue et le bouillonnement de cette surprenante ville aux *barrios* (quartiers) disparates. Plongez tout droit dans le dépaysement en découvrant le quartier des sorcières et son marché éclectique où des fœtus de lama, des porte-bonheur locaux, sont exposés. Les aventuriers culinaires pourront s'arrêter à un kiosque ambulant pour essayer une spécialité locale telle que les *humitas* (pâte de maïs cuite).

Ensuite, rendez-vous dans la Valle de la Luna pour contempler le paysage sélénite et la célèbre Dent du Diable, une formation rocheuse. Un refuge tranquille à deux pas de la fourmillante métropole! Le soir, réservez votre place dans une *peña*, maison de la danse, où vous vous accrocherez certainement les pieds, enivré par les festivités… et le Singani, eau-de-vie nationale. Au cours de votre séjour à La Paz, ne manquez pas de goûter aux *salteñas*, de petits chaussons à la viande absolument délicieux, parfaits pour un repas sur le pouce. Et pour les fines bouches, carpaccio de lama ou risotto de quinoa au lama farci vous seront servis dans les restaurants gastronomiques.

Salar d'Uyuni

Jours 6 et 7

La Paz – Colchani – Salar d'Uyuni 520 km

Il vous faudra compter environ une journée de route pour vous rendre à Colchani, porte d'entrée du Salar d'Uyuni, vaste désert de sel d'une grande beauté. Préparez-vous un pique-nique et invitez-vous à la table blanche du Salar, à même le sol. Vous pourrez également en profiter pour prendre la pose en jouant avec les perspectives afin de faire des photos mémorables. Plus tard dans la journée, visitez Incahuasi, une colline couverte de cactus qui semble émerger du désert de sel et qui se transforme en île quelques jours par année quand l'eau recouvre le Salar.

La parilla *du dimanche et les mets locaux*

Le dimanche en Bolivie est très souvent consacré à la famille. On en profite pour prendre le temps de discuter et surtout pour partager un bon repas avec ses proches. Lors des *parillas* dominicales, la viande (en abondance) repose sur le gril, où l'on fait également dorer du fromage bolivien. On accompagne le tout d'un *arroz con queso* et d'une sauce *llajua*, à base de piments et de tomates.

Sachez également que d'autres plats typiques font la fierté des Boliviens, notamment le *charquicán*, à base de viande de lama séchée, d'œufs et de pommes de terre, ou encore le *pique macho*, un plat traditionnel à base de frites, de tomates, d'œufs, de poivrons, qui n'est pas sans rappeler la poutine québécoise. La *sopa de mani*, une soupe onctueuse aux arachides, s'ancre également dans les classiques culinaires locaux. Mais quel que soit le repas servi à table, c'est le moment de réunion qui prime.

Marché d'artisanat, Písac

🍴 **Quand y aller ?**
Les mois d'été sont idéaux pour visiter le Pérou. Les rayons du soleil réchauffent alors le pays et la température est idéale. Il faut toutefois prévoir bonnets et gants pour les fraîches nuits et les balades en altitude.

🍴 **7 jours**

🍴 De **Lima** à **Puno**

Pour qui ?
Pourquoi ?

🍴 *Pour les passionnés de paysages, d'histoire et de culture culinaire qui souhaitent profiter du grand air, tout en savourant le moment.*

Inoubliable...

🍴 *Jouir d'un coup d'œil imprenable sur le Machu Picchu à partir de la Puerta del Sol.*

🍴 *Découvrir l'ingéniosité d'une autre époque, celle des Incas.*

🍴 *Goûter à une cuisine raffinée et authentiquement traditionnelle.*

Le **Pérou**, traditions gastronomiques ancestrales

Selon **Annie Duhamel**

Les Incas ont semé des traces qui habitent encore aujourd'hui le Pérou tout entier. Ils y ont laissé d'illustres vestiges, incluant l'une des sept nouvelles merveilles du monde, qui ont traversé les époques en se fondant dans les grands espaces et les panoramas verdoyants. Mais le Pérou, en plus de séduire par ses randonnées, sa culture et ses paysages inégalés, charme par sa gastronomie. Ce pays aux centaines de variétés de pommes de terre invite les voyageurs à sa table, pour un mémorable festin entre *lomo saltado*, un sauté de bœuf, *anticuchos*, brochettes de cœur de bœuf grillé, et *ceviche*. Vous le découvrirez... le Pérou est un hôte accueillant et généreux.

Place d'Armes, Lima

Le cuy

Le cochon d'Inde est une spécialité locale fréquemment servie dans les différents restaurants péruviens. Ces petites bêtes qu'on entend couiner dans les quatre coins du pays portent bien leur nom, le *cuy*, en référence au cri qu'elles font. Ce sont des millions de cochons d'Inde par année qui sont consommés au Pérou. On les sert généralement grillés ou confits, et ce, même dans les grands restaurants.

Cusco

Itinéraire gourmand

Jour 1

Lima

Après vous être promené sur les carreaux de la rue piétonne Union et avoir sillonné le centre-ville de Lima, arrêtez-vous sur une terrasse de l'éclatante place d'Armes afin d'y admirer sa cathédrale, ses balcons coloniaux et ses palmiers. Rendez-vous ensuite à l'imposante place San Martin, puis dirigez-vous vers le quartier chinois, l'un des plus grands au monde. Arrêtez-vous dans l'une des nombreuses *chifas*, où l'on sert une cuisine fusion chinoise adaptée aux goûts des Péruviens. Puis,

pour favoriser la digestion, rien de tel qu'une longue promenade sur le Malecón, situé aux abords de la mer, où surfeurs et baigneurs s'en donnent à cœur joie. Pour vous gâter, réservez une table au restaurant Astrid y Gastón de Gastón Acurio, l'un des chefs les plus réputés au monde.

Jour 2

Lima ✈ Cusco

Dirigez-vous aujourd'hui vers Cusco, que vous atteindrez grâce à un vol d'un peu plus d'une heure. Une fois sur place, la meilleure façon de vous immerger dans

Lomo saltado

Sur le marché, Cusco

Pisco sour

Machu Picchu

Les Amériques gourmandes

Le pisco

Cette eau-de-vie péruvienne fait l'unanimité à l'heure de l'apéro. On distille le fruit de la vigne pour obtenir cet alcool très prisé au Pérou, mais également revendiqué au Chili. Le *pisco sour* est le cocktail le plus répandu, fait à partir de cette eau de vie, de sirop de canne, de jus de citron vert, d'angustura, de glace et de blanc d'œuf battu en neige qui lui donne son aspect mousseux tout à fait original. Pour une version moins classique, on l'agrémente de jus de *maracuya* (fruit de la passion).

Si le pisco est la liqueur locale de prédilection, il est aussi possible de se désaltérer avec des boissons typiques et non alcoolisées. La *chicha morada*, aux allures de jus de fruits, est une boisson à base de maïs violet appréciée des Péruviens. Mais ce dont raffolent tout particulièrement les gens de la place et qui se trouve sur presque toutes les tablettes des *tiendas* locales, c'est le fameux Inca Kola. Il s'agit d'une boisson gazeuse d'un jaune éclatant faite à base de *hierba luisa* (verveine citronnelle) et qui saura plaire aux petits comme aux grands.

la culture locale sera de visiter le grand marché de Cusco, où odeurs et saveurs s'entremêlent et où la grande variété de pommes de terre proposées vous étonnera. On y vend d'innombrables produits locaux, des légumes aux tissus de toutes les couleurs. Profitez-en pour discuter avec les gens de l'endroit et pour « manger typique » : une soupe de tête, par exemple! Prenez ensuite le temps de vous arrêter sur la place d'Armes et d'y contempler l'impressionnante cathédrale. La place est bordée de nombreux portiques qui s'ouvrent sur des restaurants et cafés. En soirée, promenez-vous dans les dédales de Cusco, où une myriade d'odeurs vous mettra l'eau à la bouche. Cette ville regorge de restaurants gastronomiques et originaux où les produits locaux côtoient les plus grandes techniques culinaires. Pour vivre une expérience traditionnelle, assistez ensuite à un spectacle de danse péruvienne et arpentez le marché artisanal.

Jour 3

Cusco – Písac – Ollantaytambo 92 km

Au départ de Cusco, rendez-vous à Písac pour visiter son marché, déguster des *empenadas* sur le pouce et décou-

Îles Uros

vrir l'artisanat local au son du couine-
ment des cochons d'Inde, une spécialité
gastronomique locale. Vous longerez
ensuite la cordillère des Andes et voya-
gerez au cœur de la civilisation inca
à Ollantaytambo. Vous découvrirez la
culture en terrasses et toute l'ampleur de
l'ingéniosité du peuple inca.

Jours 4 et 5

Ollantaytambo –
Aguas Calientes –
Machu Picchu – Cusco

Au départ d'Ollantaytambo, vous prendrez un train qui vous déposera en
matinée au Km 104 afin de commencer
l'ascension d'une journée vers le Machu
Picchu. Vous passerez par Chachabamba

et la Porte de l'Inca, avant de pouvoir
finalement vous arrêter à la Porte du
Soleil, qui offre une vue mémorable sur
le Machu Picchu. Vous logerez à Aguas
Calientes, ce village touristique où
marchés et restaurants vous attendent.
Le lendemain, les lève-tôt pourront
devancer l'aube en se rendant au site
inca en bus, à temps pour y admirer le
lever du soleil et pour prendre la mesure
de toute la grandeur des lieux. Retour à
Cusco en fin de journée.

Jours 6 et 7

Cusco – Puno 🚢 Uros
360 km

De Cusco, faites aujourd'hui route
jusqu'à Puno, que vous atteindrez en

fin de journée. Le lendemain, ce sera
la journée idéale pour profiter de l'eau
et d'une superbe vue sur le fameux lac
Titicaca. Vous pourrez vous rendre en
bateau jusqu'aux îles d'Uros, petits îlots
flottants à base de *tortora* où se sont
installées quelques familles. En après-
midi, il vous sera possible de vous arrêter sur l'île de Taquiles pour admirer les
montagnes boliviennes au loin. Les traditions sont à l'honneur sur cette île où,
selon la coutume, les hommes tricotent
et les femmes tissent, tous vêtus de leur
tenue traditionnelle. C'est également
l'endroit tout désigné pour manger une
bonne truite grillée à plus de 3 900 m
d'altitude.

Les Amériques gourmandes

🌡 **Quand y aller ?**
De décembre à mars, mais aussi en avril, quand il y a moins de monde. Les mois de mai, juin et juillet peuvent être très chauds.

Monte Alban

🍴 **8 jours**

🍴 De **Mexico** à **Oaxaca**

Pour qui ?
Pourquoi ?

✗ *Pour les « baby-boomers », les familles et les amateurs de visites culturelles. Pour sortir du circuit classique du Mexique, aller à la rencontre d'un peuple accueillant, et apprivoiser les traditions ancestrales aztèques.*

Inoubliable…

✗ *Visiter le musée national d'anthropologie de Mexico, un des plus extraordinaires musées du monde, qui présente les civilisations ayant façonné le territoire.*

✗ *Apprendre les rudiments de la préparation du chocolat, qu'on accompagne d'un délicieux pain de yema.*

✗ *Goûter le fameux* quesillo *(fromage frais) d'Oaxaca.*

Univers aztèque et cocina oaxaqueña, en fusion depuis des siècles

*Selon **Ariane Arpin-Delorme***

Avec le passage des conquistadors et la fondation de la colonie espagnole au Mexique, la cuisine nationale a amalgamé les traditions européennes aux siennes, donnant naissance à une gamme de plats exquis, devenus emblématiques. Au cours des dernières années, les chefs mexicains ont de nouveau intégré à la gastronomie du pays des éléments provenant de l'étranger. Leur inépuisable créativité produit des mets délicats où se mêlent une infinité de saveurs, de parfums et de textures.

Cuisine de l'ancien couvent de Santa Rosa, Puebla

Golfe du
Mexique

Océan Pacifique

Criquets grillés

Cuisson du *mole*

Huitlacoche

Itinéraire gourmand

Jour 1

Mexico

Visite du centre historique en traversant le Paseo de la Reforma. Balade sur la Plaza de la Constitutión, entourée de sublimes édifices baroques. Découverte des fresques de Diego Rivera, puis visite de la cathédrale bâtie sur les restes d'un temple aztèque. Profitez d'une belle vue panoramique du haut du Templo Mayor.

Jour 2

Mexico – Teotihuacán – Mexico 100 km

Départ pour Teotihuacán. Sur réservation, il est possible de faire une « dégustation préhispanique » au restaurant. Le menu se compose d'une sélection d'insectes, de larves et autres curiosités de la gastronomie régionale. Faites un arrêt à une taillerie d'obsidienne et assistez à l'extraction du *pulque* (alcool tiré de l'agave).

Jour 3

Mexico

Visite du musée national d'anthropologie pour un premier contact avec les Teotihuacáns, Olmèques, Mixtèques, Zapotèques, Aztèques et Mayas. Sillonnez le quartier colonial de Coyoacán, datant des XVIIIᵉ et XIXᵉ siècles. Déjeuner au restaurant El Candelero. Commandez le velouté de coriandre ou le blanc de poulet farci de *huitlacoche*, le champignon noir qui parasite les épis de maïs. Visite du musée de Frida Kahlo, logé dans l'ancienne maison de l'artiste. Dîner au Dulce Patria, issu d'un nouveau concept de *cantina* mettant en vedette la meilleure cuisine mexicaine réinterprétée par la chef propriétaire, Martha Ortiz.

Jour 4

Mexico – Cholula – Santa Maria Tonantzintla – San Francisco Acatepec – Puebla 140 km

Située au carrefour des routes commerciales, Cholula accueille d'importantes foires. Admirez la pyramide Tlachihuatepec. Continuez vers Santa Maria Tonantzintla et San Francisco Acatepec pour visiter leurs églises de style baroque mexicain. Poursuivez vers

Les Amériques gourmandes

Puebla

Musée national d'anthropologie, Mexico

Marché de Coyoacán, Mexico

Quesillo

Les Amériques gourmandes

Gastronomie oaxaqueña

La richesse de la tradition gastronomique d'Oaxaca résulte de la fusion des cultures indigène et espagnole. Parmi les plats les plus populaires, citons le *mole* et les *tamales*, préparés avec de la farine de maïs et fourrés de *mole* ou de viande de porc avant d'être enveloppés dans des feuilles de bananier. À noter qu'il existe environ 300 sortes de papillotes *tamales* au Mexique! N'oublions pas le fameux *quesillo*, ce fromage frais entier, dont la pâte est cuite dans l'eau chaude et enroulée en forme de pelote. Il se déguste en petits morceaux ou bien fondu sur divers plats. Les plus aventureux pourront goûter aux criquets grillés et aux chenilles de maguey, frites ou en sauce, servies dans une galette de maïs chaude. Pour étancher la soif, rien de mieux que l'exquise eau de *chía* (graine d'une plante semblable à la sauge), ou bien le traditionnel mélange de cacao et de maïs, le *tejate*.

Puebla. À la Plaza de la Constitución, que l'on appelle communément le Zócalo, admirez quelques beaux exemples d'architecture religieuse coloniale. Déjeuner à la Fonda de Santa Clara, dont la carte fait honneur à la cuisine *poblana*. Visite de la cathédrale et de la chapelle del Rosario, un bijou architectural du XVIIIe siècle, et du marché d'artisanat d'El Parian. En soirée, dînez à la Casona de la China Poblana. Sa carte affiche des plats comme le *chamorro en mole verde* (jarret de porc en sauce *mole* verte), le lapin à la paysanne et des desserts à base de *mole*.

Jour 5
Puebla – Cours de cuisine

L'ancien couvent de Santa Rosa, fondé au XVIIe siècle, abrite maintenant un joli musée d'artisanat. Sa magnifique cuisine est décorée de faïences qui racontent l'origine du *mole poblano* au chocolat pimenté! Une école de cuisine voisine vous initiera à la préparation de ce *mole* et d'autres plats. Dîner au restaurant La Purificadora, où le chef Enrique Olvera propose une cuisine mexicaine contemporaine.

Jour 6
Puebla – Oaxaca 345 km

Départ vers le sud. Déjeuner au Asador Vasco pour déguster des plats comme le *huachinango a la veracruzana*, poisson à chair blanche cuisiné avec tomate, oignon et olives. Prenez le pouls de la ville d'Oaxaca en faisant un saut au centre historique, protégé par l'UNESCO. Admirez la cathédrale, l'ancien couvent de Santo

Tlacolula

Domingo de Guzmán, la basilique de la Soledad et le théâtre Macedonio Alcala. Essayez d'assister à un spectacle de danse traditionnelle.

Jour 7

Oaxaca – Monte Alban – Zaashila – Oaxaca 30 km

Si vous avez de la chance, le chef de votre hôtel acceptera peut-être de vous enseigner les rudiments de la préparation du chocolat que l'on boit avec du lait ou de l'eau, accompagné du délicieux *pan de yema* (pain aux œufs). Arrêt à Monte Albán, un impressionnant lieu sacré. À Zaashila, goûtez la délicieuse *sopa de guía*, préparée avec de la courgette, ainsi que les côtelettes de porc grillées au charbon. De retour à Oaxaca, atta-

blez-vous à la Casa Oaxaca, où officie le chef Alejandro Ruiz. Au menu : poissons et fruits de mer, cerf et agneau côtoient sauterelles, *huitlacoche* et *quesillo*.

Jour 8

Oaxaca – Tlacolula – Mitla – Oaxaca 100 km

Chaque dimanche, Tlacolula accueille un marché important. À Mitla, profitez-en pour déjeuner de grillades de viande au restaurant La Caballeriza. Terminez par un dernier atelier de cuisine portant sur la *tlayuda*, une grande crêpe de maïs, préparée avec une purée de haricots, de la laitue hachée, de la viande de bœuf ou de porc, du fromage et de la sauce épicée. Profitez-en pour déguster du *mezcal*, cette célèbre boisson alcoolisée à base d'agave.

Gastronomie poblana

La grande diversité des épices et des plats dont se compose la gastronomie du Puebla illustre la richesse du patrimoine culinaire de la région qui met en vedette le *mole*, (sauce à base de piment, cacao, arachide, tomate ou sésame) les *chalupas* et le *pipián* Succombez à la tentation des desserts qui ornent les vitrines des confiseries de la ville de Puebla, comme les beignets de Santa Clara, les galettes de massepain et de lait de chèvre, et les *camotes* à la vanille, à la noix de coco et à l'ananas.

 Les Amériques gourmandes

♟ **Quand y aller ?**
De décembre à mars,
mais aussi en avril,
quand il y a moins de
monde. De juin à août,
pour nager avec les
requins-baleines à
l'Isla Holbox.

Cancún

Les Amériques gourmandes

👕 **5 jours**

👕 De **Cancún** à **Mérida**

. . . .

Pour qui ?
Pourquoi ?

✗ *Pour découvrir l'ingéniosité légendaire du monde maya. Pour profiter de la nature et de la faune. Pour s'adonner au farniente sur la plage.*

. . . .

Inoubliable...

✗ *Goûter le mole. Cette épaisse sauce pimentée est l'ingrédient chouchou de plusieurs cuisines régionales mexicaines.*

✗ *Explorer l'exceptionnel site archéologique de Chichén Itzá, l'une des sept nouvelles merveilles du monde.*

✗ *Flâner en soirée sur la place centrale de Mérida, où les mariachis se retrouvent pour pousser la chansonnette.*

Cuisine yucatèque
et monde maya

*Selon **Ariane Arpin-Delorme***

La cuisine contemporaine du Yucatán vous offrira des sensations uniques, que vous la savouriez dans les grands restaurants ou simplement dans la rue. Une des plus reconnues du Mexique, elle propose un grand choix de plats marqués, pour la plupart, par une forte influence espagnole, mais aussi par les cultures précolombiennes qui ont façonné la péninsule. Cette région mexicaine, riche en histoire, s'impose maintenant comme une destination incontournable sur la carte de la cuisine internationale.

Cochinita pibil

Ek' Balam

Uxmal

Itinéraire gourmand

Jour 1

Cancún – Ek' Balam

175 km

Partez à la découverte du site archéologique d'Ek' Balam, qui signifie « jaguar noir » en langue yucatèque. Il n'a été découvert que récemment, et les fouilles, toujours en cours, ont commencé en 1994. Profitez-en pour loger dans le village et vivre ainsi une expérience authentique.

Jour 2

Ek' Balam – Chichén Itzá – Valladolid 110 km

Inscrit sur la Liste du patrimoine mondial de l'Unesco, Chichén Itzá est maintenant reconnu comme une des sept nouvelles merveilles du monde. C'est un des plus beaux monuments de la civilisation maya-toltèque du Yucatán. La vieille partie de Chichén Itzá, dont le nom signifie « au bord du puits de Itzaes », date du Ve siècle. Le site a d'abord été développé par les Mayas avant de renaître avec la migration des guerriers toltèques, au Xe siècle. Poursuivez ensuite jusqu'à Valladolid, où vous logerez pour la nuit.

Le mole

Le *mole*, l'ingrédient roi de nombreux plats de plusieurs régions du Mexique, est une sauce épaisse, composée d'une variété de piments (*mulatos*, *pasillas* ou *anchos*) auxquels on peut ajouter pruneaux, amandes, cannelle ou chocolat amer. Cette sauce sert notamment à macérer la viande de *guajolote* (dinde). Son goût, sa texture et sa couleur dépendent du nombre d'épices et du type de piments utilisés. Jouissant maintenant d'une renommée internationale, le *mole* se mange de préférence au cours des mois d'août et de septembre.

 Les Amériques gourmandes

Hacienda Sotuta de Peón

Papadzules

Mérida

Sopa de lima

Les Amériques gourmandes

Chichén Itzá   **Ek' Balam**
Mérida   ■ **Cancún**
Uxmal   • Playa del Carmen
Campeche   • Tulum
Valladolid
Golfe du Mexique
MEXIQUE
Coatzacoalcos   Villahermosa
Mer des Caraïbes
GUATEMALA   Belmopan
BELIZE

Jour 3

Valladolid – Mérida

150 km

Mérida est aussi connue sous le nom de « ville blanche », pour ses beaux édifices coloniaux traités à la chaux. Déjeunez au Los Almendros, champion de la cuisine yucatèque traditionnelle. Goûtez la *sopa de lima* (délicieux bouillon fait avec le fruit du même nom, dont le goût se situe entre le citron et le pample-mousse) ou du *queso relleno* (fromage farci de viande hachée, raisins, amandes, câpres et olives). En soirée, parcourez en calèche la grande avenue de la ville, El Paseo Montejo, bordée de maisons du XIXᵉ siècle.

Jour 4

Mérida – Cours de cuisine

Journée épicurienne, consacrée au plaisir de cuisiner et de manger, à l'école Los Dos. La journée débute par une visite au marché pour se procurer les ingrédients nécessaires à la préparation de la *comida fuerte*, le typique repas copieux du midi. Le cours se déroule chez le chef David Sterling, dans une demeure coloniale amoureusement rénovée, située

Chichén Itzá

Gastronomie yucatèque

Résultant du patrimoine préhispanique marié aux saveurs espagnoles, françaises et cubaines, les délicieux plats qu'on savoure à Mérida, capitale de l'État du Yucatán, sont un régal. Parmi les spécialités, la *cochinita pibil*, viande de porc marinée dans du jus d'orange qu'on sert avec des haricots noirs et de l'oignon rouge; les *salbutes*, tortillas de maïs farcies de dinde, d'oignon et d'avocat; les *panuchos*, tortillas de maïs remplies de haricots noirs; les *papadzules*, faits avec des tortillas ayant trempé dans une sauce verte de courgettes, appelée *kol*, farcie d'œufs et nappées d'une sauce tomate à l'oignon et à l'ail. Quand vient le temps de se rafraîchir, choisissez une *horchata*, une eau délicieuse à base de riz, ou le fameux *xtabentún*, « la liqueur des dieux », élaborée à base de miel et d'anis. À moins que vous ne préfériez un sorbet, ou *granite*, fait à base de fruits tropicaux.

au centre de Mérida. En soirée, départ pour l'hacienda Sotuta de Peón, dans le village de Tecoh. Cette ferme célèbre la splendeur passée de l'époque du sisal, une fibre végétale issue de l'agave. On vous parlera de la production de cet or vert et de la vie dans une hacienda du Yucatán.

Jour 5

Mérida – Uxmal – Mérida 170 km

Visite du splendide site archéologique d'Uxmal. Découvrez les principales attractions : la pyramide du Devin, le palais du gouverneur et le Quadrilatère des nonnes. En soirée, à Mérida, rendez-vous au Néctar où, utilisant des ingrédients de la péninsule ainsi que des techniques d'avant-garde, le chef Roberto Solís réinvente la cuisine yucatèque.

Les Amériques gourmandes

159

🍴 **Quand y aller ?**
La meilleure période pour explorer le Chili s'étend de novembre à avril. Privilégiez les mois de décembre à février pour visiter le sud du pays. Pour découvrir les déserts du Nord, choisissez plutôt les mois d'avril à novembre.

Valparaíso

🍴 **6 jours**

🍴 Boucle au départ de **Santiago de Chile**

Les Amériques gourmandes

Pour qui ?
Pourquoi ?

🍴 *Pour les passionnés de vin qui aimeraient en apprendre davantage sur les différentes variétés que le Chili exporte dans le monde entier. Pour se retrouver au cœur de grands espaces.*

Inoubliable...

🍴 *Errer dans les rues de Valparaíso, devenue au fil des années la capitale mondiale de l'art urbain, avec ses façades et murs peints.*

🍴 *Découvrir les vignobles de Santa Cruz ou de Casablanca, près de Santiago.*

🍴 *Se relaxer dans les piscines thermales naturelles.*

Du vin et des sources chaudes : un voyage épicurien au **Chili**

Selon **Ariane Arpin-Delorme**

L e Chili, qui s'étire sur une longue bande de terre coincée entre l'océan Pacifique et la cordillère des Andes, révèle une grande variété de paysages, du désert d'Atacama, le plus aride du monde, à la mythique Patagonie, en passant par le ciel étoilé de la vallée de l'Elqui, les lacs, volcans et thermes. Côté villes, la capitale, Santiago, est facile à apprivoiser, alors que Valparaíso nous laisse bouche bée.

La cuisine chilienne se présente comme un riche mélange de traditions et de produits autochtones (mapuche), mâtinés d'influence européenne. Les vignes, qui jouissent de conditions climatiques et géographiques exceptionnelles, produisent des vins qui figurent parmi les meilleurs du monde.

Vallée de Casablanca

Plaza de Armas, Santiago

Vignoble Matetic

Itinéraire gourmand

Jour 1

Santiago de Chile

Première découverte de la capitale chilienne, métropole nichée au pied des Andes. Bien qu'elle soit devenue au fil des années une ville vibrante et moderne, certains vieux quartiers conservent encore une atmosphère romantique et un charme suranné. Laissez-vous séduire par la visite du centre historique avec sa Plaza de Armas et son église San Francisco dans le quartier de Bellavista. Plus tard, le panorama que vous découvrirez depuis le Cerro San Cristóbal ou le Cajón del Maipo vous

fera rêver. Profitez de votre passage dans la capitale pour vous attarder aux étals d'un marché et goûter le *pastel de choclo*, un plat traditionnel sud-américain à base de maïs, qui pourrait se comparer au pâté chinois québécois. Une autre spécialité chilienne à découvrir, le *charquicán*, un ragoût à base de viande de bœuf, cheval ou poulet, à laquelle on ajoute oignons, ail, potiron et pommes de terre.

Jour 2

Santiago de Chile – Vallée de Casablanca – Vignobles – Valparaíso

120 km

Route vers la vallée de Casablanca, haut lieu du vin chilien, où l'on cultive les cépages chardonnay, sauvignon blanc ou

pinot noir. Visite et dégustation au vignoble Emiliana, qui produit des vins biologiques. Arrêt au vignoble Matetic, dans la vallée de San Antonio, pour goûter à son syrah de bonne qualité. Direction Valparaíso.

Océan Pacifique

Vallée de Casablanca

Mendoza

Valparaíso

Isla Negra

Santiago de Chile

Rancagua

Santa Cruz

Curicó

Talca

CHILI   ARGENTINE

Les Amériques gourmandes

Murale, Valparaíso

Pastel de choclo

Termas Geométricas

Le humita

Le *humita*, un mot issu de la langue quechua, est un plat d'origine précolombienne qui comble les inconditionnels du maïs. On le retrouve également au Pérou, en Argentine, en Bolivie et en Équateur, mais le Chili en revendique la paternité! Il s'agit d'une pâte de maïs assaisonnée d'huile et d'oignons, et enveloppée dans des feuilles de maïs bien ficelées. Elle est cuite au four ou bouillie dans de l'eau chaude salée. On ajoute à ce succulent mélange fromage, piment, basilic ou sucre au goût. Pour une expérience ultime, on l'accompagne d'une salade de tomates et oignons et de sauce *pebre*.

Un petit goût de sucré après ça? Essayez le *dulce de leche*, une délicieuse confiture de lait, très populaire en Amérique latine.

Jour 3

Valparaíso

Visite de Valparaíso, cet ancien port si pittoresque, qui a su préserver d'intéressantes infrastructures du début de l'ère industrielle. Son centre historique est inscrit au patrimoine mondial de l'UNESCO depuis 2003. Ses maisons colorées, perchées en équilibre dans un amphithéâtre naturel, semblent sur le point de dégringoler dans la baie. Avec ses rues étroites et escarpées, ses funiculaires à flanc de colline, ses chanteurs de rue, cette ville est unique! Régalez-vous dans un de ses restaurants de fruits de mer et goûtez par exemple l'*arroz a la valenciana*, semblable à la paella mais sans safran; ne manquez pas la visite de La Sebastiana, l'une des maisons du poète Pablo Neruda.

Jour 4

Valparaíso – Isla Negra – Vignobles – Santa Cruz
225 km

Départ pour Isla Negra, une autre maison-musée de Pablo Neruda. En chemin, visite du domaine Casa Marin, fondé en 2000, connu pour son appellation San Antonio. Il est dirigé par María Luz Marin, la seule femme chilienne à la fois œnologue et propriétaire de vignoble. Visite des locaux et des vignes dominant le Pacifique. Bien que récompensé par de nombreux prix,

Région de Santa Cruz

Sources thermales

Le Chili est connu pour son activité volcanique et ses sources thermales. Pourquoi ne pas joindre bien-être et gastronomie? Plusieurs lieux d'hébergement de qualité supérieure vous proposent de profiter des eaux thermales naturelles. Le complexe des Termas Geométricas fait partie des plus beaux thermes de la région des volcans du sud de Santiago. Sa magnifique architecture s'intègre parfaitement au paysage de la vallée perdue où il se niche. Les bassins affichent différentes températures d'eau et chacun y trouve son bonheur selon ses besoins du moment.

ce domaine reste familial et accueillant. Direction Santa Cruz.

Jour 5

Santa Cruz – Vignobles – Santa Cruz 15 km

Visite du musée d'histoire, de paléontologie et d'archéologie de Colchagua, qui possède la collection privée d'orfèvrerie mapuche en argent la plus importante du Chili. En après-midi, découverte des installations de Viu Manent. Avant la dégustation des vins issus du vignoble français le Clos Lapostolle, promenez-vous en calèche au milieu des vignes chargées d'histoire. Notez l'architecture remarquable de la cave gravita-tionnelle du domaine, lequel appartient à Alexandra Marnier Lapostolle, arrière-petite-fille du créateur du Grand Marnier.

Jour 6

Santa Cruz – Vignobles – Santiago de Chile 180 km

Dégustation sur la terrasse du vignoble Montes. La visite permet de mieux comprendre le processus de vinification. Dans la cave du domaine, les chants grégoriens inspirants créent une atmosphère mystique. Retour à Santiago de Chile.

Les Amériques gourmandes

163

Parc national du Cotopaxi

🍴 Les Amériques gourmandes

🍴 **9 jours**

🍴 De **Quito** à **Guayaquil**

Pour qui ?
Pourquoi ?

✗ *Pour les amateurs de randonnée qui voudront gravir quelques-uns des 60 volcans du pays. Pour baigner dans une culture authentique, grâce aux marchés traditionnels et aux séjours à la ferme.*

Inoubliable...

✗ *Séjourner dans une famille dans les communautés de San Clemente et d'Ahauna.*

✗ *Se balader en train dans des plantations de cacao et de canne à sucre, près de Guayaquil.*

✗ *Se détendre dans les sources thermales de Baños.*

Cacao, légumes et fruits exotiques au pied des géants d'**Équateur**

*Selon **Ariane Arpin-Delorme***

Découvrez l'Équateur, paradis de contrastes, en suivant de larges fleuves dans la jungle tropicale ou le long de lagunes volcaniques aux eaux cristallines dans les montagnes. Parcourez les ruelles de Quito, l'une des villes les plus raffinées d'Amérique du Sud, perchée à 3 000 m d'altitude. Savourez l'ambiance des marchés andins d'Otavalo et de Guamote. Partez à la conquête du volcan Cotopaxi, rouge de fer et blanc de neige. Arrêtez-vous à Baños pour vous balader, vous sustenter et vous détendre dans les sources thermales. Profitez-en pour enrichir vos connaissances sur les plantes médicinales dans la jungle environnante. Ici et là, la cuisine équatorienne surprend tout en réchauffant le cœur!

Cuisine locale, marché d'Otavalo

Copieuses soupes

L'Équateur est reconnu pour ses généreuses soupe-repas. La *locro*, composée de pommes de terre, fromage et avocats, est populaire dans la Sierra, où elle reste le meilleur moyen de se réchauffer au cours des nuits froides. La traditionnelle *fanesca*, servie durant la Semaine sainte, est composée de 12 sortes de céréales, légumineuses et autres plantes (petits pois, orge, blé, quinoa, lentilles, sarrasin, pois chiches, maïs, lupins, cacahuètes, haricots, fèves), de *bacalao* (morue), de *sambo* (une courge blanche) et de *zapallo* (un autre type de courge). On la couronne d'œufs cuits, de plantains frits, d'*empanadas* et d'herbes, et on l'accompagne de *humitas*, de purée de pommes de terre et de salade. Enfin, la soupe typique qu'est le *caldo de patas* (bouillon de pied de vache) est très populaire auprès des Équatoriens. En plus des pieds de l'animal, on y met *yuca* (manioc), *mote* (maïs blanc), arachides, lait, oignons, ail et herbes. À l'époque coloniale, on la laissait mijoter sur un feu de bois pendant environ quatre heures. Apparemment, elle constituerait un remède de choix contre la gueule de bois.

Quito

Itinéraire gourmand

Jour 1

Quito – Restaurant gourmet – Cours de cuisine – Otavalo 20 km

Visite de la capitale équatorienne, classée au patrimoine mondial de l'UNESCO, véritable joyau posé au creux des volcans. Ses grandes maisons coloniales de couleurs pastel aux balcons en fer forgé illustrent l'influence espagnole. Découvrez la rue des sept croix et ses églises construites à l'arrivée des conquistadors. Goûtez à la cuisine locale lors d'un repas dans un des meilleurs restaurants de la ville; vous

y mangerez peut-être du *cuy*, des petits cochons d'Inde très présents chez les Incas, ou du *bolón de verde*, des bananes plantains fourrées, ou encore de la *fritada*, une viande de porc cuite longuement pour assurer la tendreté, une spécialité préparée surtout les week-ends. Offrez-vous un atelier de cuisine au cours duquel vous apprendrez notamment à faire les tortillas traditionnelles. Cap sur le nord vers Otavalo, dans la région de l'Imbabura.

Jour 2

Marché d'Otavalo – Communauté de San Clemente 25 km

Choisissez un samedi, jour de marché, pour découvrir la bourgade d'Otavalo. Les différentes minorités ethniques

descendent alors des collines, portant leur chapeau de feutre et leur poncho traditionnels, pour faire commerce de tout ce qui peut se vendre. Encouragez le développement local en visitant quelques familles qui travaillent la laine pour fabriquer chapeaux, ou taillent des *zamponas* (flûtes de Pan) depuis des générations. En après-midi, rendez-vous dans la communauté de San Clemente afin de partager le quotidien d'une famille, en participant notamment à la préparation du dîner. On vous proposera sûrement de boire une *chicha* : généralement à base de maïs, d'arachide, de manioc (*yuca*), on y ajoute des fruits et laisse fermenter quelques jours, voire un mois. La *chicha* peut être plus ou moins alcoolisée.

Les Amériques gourmandes

- COLOMBIE
- Otavalo — San Clemente
- **Quito** — Cayambe
- Machachi — Parc national du Cotopaxi
- Ahuana — Baños
- **ÉQUATEUR**
- Guayaquil — Guamote
- Parc national de Cajas — Cuenca
- Océan Pacifique
- PÉROU

Train du Cacao

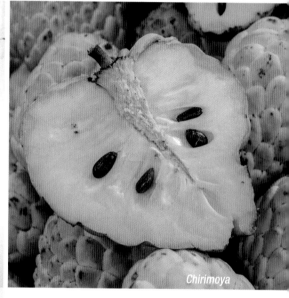

Chirimoya

Dulce melcocha

En vous promenant dans les rues de Baños, vous croiserez de nombreuses boutiques artisanales où sont confectionnées les *dulces melcochas*. La recette semble simple. On ajoute une huile végétale provenant d'un arbre (*guácimo*) au liquide extrait de la canne à sucre. On fait bouillir le tout, puis on étire la pâte, ce qui requiert une certaine force. On façonne ensuite la *melcocha* chaude et le tour est joué! Ce délicieux bonbon n'est pas recommandé pour les dentitions fragiles!

Jour 3

Cayambe – Marché – Machachi – Atelier de cuisine végétarienne

90 km

Avant de vous rendre dans un marché typique de la région, prenez votre déjeuner à Cayambe, reconnu pour ses délicieux *bizcochos* et renseignez-vous sur leur préparation. En après-midi, transfert vers Machachi pour prendre part à un atelier de cuisine végétarienne; vous y goûterez peut-être le *ceviche* végétarien, à base de lupins.

Jour 4

Machachi – Parc national du Cotopaxi – Baños

130 km

Rendez-vous au parc national du Cotopaxi pour une randonnée autour de la lagune de Limpiopungo, où se mire ce majestueux volcan. En après-midi, transfert vers Baños, aux portes de l'Amazonie.

Jour 5

Baños – Plantations de fruits

Randonnée matinale au milieu des plantations de fruits. Qui sait, vous dégusterez peut-être la *chirimoya* (chérimole,

Baños et le volcan Tungurahua

appelée aussi en anglais *custard apple* en raison de sa texture crémeuse). Ville thermale réputée pour ses sources chaudes et la proximité du splendide volcan actif Tungurahua (5 016 m), Baños est idéale pour profiter des activités de plein air : baignade, canyoning, rafting…

Jour 6

Baños – Communauté d'Ahuana – Guamote

125 km

Rejoignez la communauté d'Ahauna, au pied du volcan Chimborazo, pour participer à un cours de cuisine. En fin de journée, transfert vers le village de Guamote.

Jour 7

Marché aux animaux de Guamote – Cuenca 200 km

Dans la matinée, ne manquez pas de visiter le marché aux animaux de Guamote, l'un des plus impressionnants du pays, avant de vous rendre dans la ville de Cuenca, située au sud de la cordillère des Andes.

Jour 8

Cuenca – Cours de cuisine – Parc national de Cajas – Guayaquil 200 km

Ce matin, apprenez à réaliser quelques-uns des plats typiques du pays (comme les *muchines de yuca*, des beignets à base de manioc) au cours d'un atelier de cuisine.

Route vers la ville de Guayaquil à travers le parc national de Cajas.

Jour 9

Guayaquil – Train du Cacao / Train des douceurs – Restaurant gourmet

Montez à bord du train qui vous fera découvrir une hacienda de cacao et une exploitation de canne à sucre. Profitez du savoir-faire ingénieux des habitants. En soirée, bouclez votre voyage avec panache en dégustant un bon repas dans un restaurant gastronomique de Guayaquil, l'occasion de découvrir, si ce n'est déjà fait, le *caldo de bolas de verde*, une soupe à base de bananes plantains, manioc, carottes et choux.

Les Amériques gourmandes

Quand y aller?

Les mois de février à avril sont les plus agréables pour un séjour en Martinique, alors que soleil et températures douces sont au rendez-vous.

🍴 **2 jours**

🍴 De **Fort-de-France** à **Grand'Rivière**

Les Amériques gourmandes

**Pour qui?
Pourquoi?**

✗ *Pour les voyageurs curieux qui souhaitent s'éloigner des plages le temps d'une escapade agrotouristique et gastronomique à la découverte d'habitations sucrières historiques, de bananeraies et de bourgs authentiques.*

Inoubliable...

✗ *Découvrir l'ambiance, les couleurs, les senteurs et l'animation incessante du Grand Marché de Fort-de-France.*

✗ *Se familiariser avec l'histoire de la culture de la canne à sucre, de 1765 à nos jours, au musée du Rhum de la distillerie Saint-James.*

✗ *Arpenter les rues du village isolé de Grand'Rivière, qui distille une délicieuse « impression de bout du monde ».*

Rhum et saveurs créoles en
Martinique

Selon **Claude Morneau**

Surnommée l'« île aux fleurs » et bien connue pour ses plages idylliques, la Martinique possède bien d'autres atouts encore, qui en font une « destination soleil » hors de l'ordinaire. L'histoire tourmentée de ce bout de France dans les Antilles a façonné la personnalité singulière du lieu, lui léguant au passage un riche héritage agricole et culinaire. Cet itinéraire vous mènera dans la Martinique rurale, là où l'on cultive la canne à sucre depuis plus de 250 ans, et, depuis plus récemment, la banane et l'ananas, jusqu'aux villages isolés de la côte Nord-Atlantique. Dans cette Martinique proche de ses traditions, vous vous initierez aux goûts et aux parfums d'une savoureuse cuisine créole, aux influences africaines, indiennes, françaises et caribéennes.

La constitution d'un bon repas créole

En entrée, on vous proposera le plus souvent des accras de morue accompagnés d'un ti-punch (rhum blanc, sirop de canne et zeste de citron), ou encore un féroce (purée d'avocats mêlée à de la morue), un pâté en pot (potage d'abats de mouton et de légumes) ou une soupe z'habitants (écrevisses).

Côté plats principaux, mentionnons les blaffs (poissons blancs ou crustacés plongés dans l'eau bouillante), le court-bouillon (poisson rouge cuit dans un roux à base de tomate et de piment) et le colombo de cabri, de poulet, de crabe ou de poisson. De nombreuses épices (bois d'Inde, muscade, cannelle) rehaussent la saveur de tous ces mets, et une variété de légumes propres aux Antilles, les « légumes pays » (christophine, igname, manioc, ti-nain), vient leur ajouter une couleur unique.

Pour le dessert, blanc-manger (dessert gélatineux à la noix de coco), sorbet aux fruits tropicaux et glace coco comptent parmi les délices à découvrir.

Accras de morue

Grand Marché de Fort-de-France

Océan Atlantique

Grand'Rivière — Basse-Pointe — Sainte-Marie — Gros-Morne — Fort-de-France — Le Vauclin — Le Diamant — Saint-Pierre — Le Carbet

Mer des Caraïbes

Un rhum AOC

Tiré du jus de la canne à sucre, le vesou, le rhum agricole martiniquais, relève d'une grande tradition et joue un rôle essentiel dans la culture antillaise. Il s'est en outre vu octroyer une qualification d'appellation d'origine contrôlée à l'automne 1996, une première pour un produit français d'outre-mer.

Le rhum blanc agricole est mis en bouteilles sans vieillissement. Il peut toutefois faire l'objet d'un stage de 18 mois en fûts de chêne et devient alors ce qu'il est convenu d'appeler le « rhum paille », à la teinte dorée. Quant au rhum vieux, de couleur ambrée, il est obtenu après un minimum de trois ans en fûts de chêne et tient ici la même place prestigieuse que les meilleurs cognacs.

Itinéraire gourmand

Jour 1

Fort-de-France – Gros-Morne – Sainte-Marie 45 km

Dans le chef-lieu de la Martinique, ne manquez pas de visiter le Grand Marché, où l'on trouve fruits, légumes, épices, fleurs, artisanat... On peut aussi y manger à prix doux des mets typiques comme des accras (beignets de poisson, de fruits de mer ou de légumes), du boudin créole ou un colombo (plat d'origine indienne à base de viande, volaille ou poisson mariné dans un mélange d'épices rappelant le curry). Traversez ensuite l'île jusqu'à la côte Atlantique en passant par la commune rurale de Gros-Morne, où vous vous arrêterez à l'Habitation Saint-Étienne pour découvrir un domaine typique du début du XIXe siècle et le prestigieux rhum HSE. Près de Sainte-Marie, visitez le musée du Rhum de la Distillerie Saint-James. Le train des plantations, qui emprunte un chemin de fer réhabilité sillonnant les champs, vous mènera au musée de la Banane, joliment aménagé au cœur d'une bananeraie en activité.

Jour 2

Sainte-Marie – Basse-Pointe – Grand'Rivière 40 km

Vous longerez aujourd'hui la côte Atlantique en direction nord. À la sortie de Basse-Pointe, lieu de naissance du légendaire poète et homme politique Aimé Césaire (1913-2008), faites halte à la Distillerie J.M., qui produit un réputé rhum vieux. Poursuivez jusqu'à Grand'Rivière, le point le plus septentrional de l'île. On y trouve un marché aux poissons des plus vivants, de même que quelques bonnes tables de cuisine créole traditionnelle, où vous pourrez notamment goûter aux écrevisses d'eau douce, une spécialité locale ici appelée « z'habitants ».

Quand y aller ?
Alors que l'hiver bat son plein entre janvier et mars, il fait bon partir au Costa Rica pour faire une cure de soleil… et de poisson!

8 jours

De **San José** à **Montezuma**

Bateaux de pêche, Puntarenas

Les Amériques gourmandes

Pour qui ?
Pourquoi ?

✗ Une visite au Costa Rica permettra à ceux qui désirent décrocher pour un temps de leur quotidien effréné de s'initier à la Pura Vida, entre nature, plages et plein air.

Inoubliable…

✗ Sillonner les routes sinueuses de la péninsule de Nicoya.

✗ Longer de nombreuses plages d'une beauté et d'une immensité à couper le souffle.

✗ Se régaler d'aliments fraîchement cueillis ou pêchés.

✗ Boire des cocktails rafraîchissants au coucher de soleil.

Le **Costa Rica** et sa délicieuse *Pura Vida*

Selon **Annie Duhamel**

La devise locale *Pura Vida* se passe d'explication dès le moment où l'on met les pieds au Costa Rica. Ce pays d'Amérique centrale, assurément le plus connu et convoité de tous, n'a pourtant pas perdu de son charme et de son authenticité au contact du tourisme. Les gens y sont profondément accueillants et fiers de leurs racines. Ils le démontrent d'ailleurs à travers leur cuisine qui est variée, fraîche et ensoleillée. Les restaurants sont nombreux au Costa Rica, et la nourriture locale est savoureuse. Nul ne pourra résister à un délicieux plat de *ceviche* comme seuls les *Ticos* savent le préparer.

Récolte du café

Toucan

Gallo pinto

Singes-écureuils

Nicoya ●

Océan
Pacifique

Puntarenas

San José

Golfe
de
Nicoya

Playa Manzanillo

Isla Tortuga

Playa Hermosa

Montezuma

Santa Teresa

Réserve naturelle
de Cabo Blanco

Itinéraire gourmand

Jour 1

San José – Puntarenas ⛴ Montezuma 170 km

Au petit matin, quittez la capitale San José en direction de Puntarenas. En route, vous pourrez vous procurer des fruits frais vendus par des producteurs locaux ou patienter jusqu'à Puntarenas, où, en attendant le traversier, vous pourrez savourer le petit déjeuner typique costaricien qu'est le *gallo pinto*, une spécialité à base de riz, de haricots noirs et de sauce Lizano, ainsi qu'un *smoothie* sur le bord de l'eau. Durant

le trajet vous menant vers la péninsule de Nicoya, profitez de la chaleur du soleil et de la musique festive à bord du traversier tout en sirotant une Imperial, une bière légère brassée au Costa Rica.

Jour 2

Montezuma

Profitez aujourd'hui des beautés de la petite ville de Montezuma en commençant, le matin, par un petit déjeuner improvisé : allez chercher une baguette

fraîchement sortie du four, des fruits frais, particulièrement les fruits de la passion, et un typique café à base de grains locaux pour savourer votre premier repas de la journée devant la mer. La marche jusqu'aux chutes de Montezuma vaut assurément le détour. Vous pourrez sauter à l'eau à partir d'un rocher sous le regard des *Ticos* qui prennent un bain de fraîcheur. Le soir, de nombreuses formules *happy hour* sont proposées à Montezuma, parfaites pour prendre l'apéro avant un bon repas dans l'un des multiples restaurants du village,

Les Amériques gourmandes

Vente de fruits frais sur la plage

Plongée-tuba

Empanadas

Le ceviche

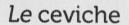

Le *ceviche* est une spécialité latino-américaine dont la technique culinaire est maîtrisée à travers tout le pays. Toutefois, dans la péninsule de Nicoya, baignée par le Pacifique, les poissons sont plus que frais. Ainsi, au menu d'à peu près tous les restaurants de la région, on retrouve des *ceviches* de poisson blanc, agrémentés d'oignons, de coriandre, de poivrons, de piments, de jus de lime et d'un ingrédient secret : le soda. On mange le *ceviche* avec des tortillas frites et craquantes. C'est le plat parfait pour supporter la chaleur et les ardents rayons de soleil du Costa Rica.

entre sodas (restos typiques) et tables avec chandelles.

Jours 3 à 6

Montezuma – Réserve naturelle de Cabo Blanco – Isla Tortuga – Montezuma 200 km

Louez un véhicules à quatre roues motrices et sillonnez toute une journée les routes rocailleuses du sud de la péninsule de Nicoya. Ce sera l'occasion idéale de vous arrêter sur le bord du chemin pour acheter des *empanadas*. La visite de la réserve naturelle de Cabo Blanco occupera une autre journée de votre séjour. La faune et la flore y sont impressionnantes.

Il faut également réserver une journée pour l'excursion menant à l'Isla Tortuga. On vous y conduira en bateau, avec un arrêt pour faire de la plongée-tuba en pleine mer où vous verrez des requins. Vous pourrez profiter de l'île et d'une baignade mémorable, et l'on vous servira du poisson frais, cuit sur la braise, et de la bière locale pour le dîner.

De retour à Montezuma, allez marcher sur le bord de la mer vers Playa Grande. Vous pourrez faire halte pour vous rafraîchir à la source de Playa Piedras Coloradas, cet endroit bucolique où des centaines de roches de couleur s'amalgament. Ce sera l'occasion idéale de faire un beau pique-nique, avec fruits frais, avocat et Turrialba, un fromage frais à base de lait de vache, originaire de la région du volcan du même nom. N'oubliez pas de prévoir de l'eau et quelques Pilsen (bière locale) pour vous désaltérer en chemin.

Jour 7

Montezuma – Santa Teresa – Montezuma 40 km

Santa Teresa est l'endroit tout indiqué pour profiter de la plage tout en observant les surfeurs à l'œuvre. Et pourquoi ne pas vous initier à ce sport le temps

Les Amériques gourmandes

Playa Manzanillo

d'une journée? Si la faim vous tenaille, arrêtez-vous au restaurant Fishbar, assurément l'un des meilleurs de la péninsule de Nicoya, où l'on sert du *ceviche* de poisson frais.

Jour 8

Montezuma – Playa Hermosa – Playa Manzanillo – Montezuma 50 km

Aujourd'hui, rendez-vous à Playa Hermosa pour une baignade des plus agréables. Mais gardez-vous aussi du temps pour un saut à Playa Manzanillo, où vous aurez la plus belle vue de toute la péninsule... Vous vous y sentirez seul au monde.

Le guaro et la bière

Le *guaro* est la boisson nationale du Costa Rica, mais il est peu connu des touristes. À base de canne à sucre, il contient 30% d'alcool. La marque Cacique est la plus commune. On utilise le *guaro* dans les cocktails, un peu comme on le ferait avec du rhum, pour une saveur locale et un peu plus sucrée.

Plusieurs bières sont brassées dans le pays. L'Imperial, la Pilsen et la Bavaria sont les plus populaires. Toutefois, des bières artisanales sont produites dans la péninsule de Nicoya – celles de la microbrasserie La Selva, plus originales et bien travaillées, sont à base d'eau de la réserve naturelle de Cabo Blanco. À Montezuma, le propriétaire du restaurant Clandestina propose pour sa part ses propres bières brassées sur place.

 Les Amériques gourmandes

Cultures en terrasses, Rwanda

L'Afrique et l'Océanie gourmandes

Place Jemaa el-Fna, Marrakech

♟ **8 jours**

♟ Boucle au départ de **Marrakech**

L'Afrique et l'Océanie gourmandes

Pour qui ?
Pourquoi ?

✗ *Pour les curieux de culture et d'architecture. Pour les amoureux de grands espaces qui savent apprécier le silence. Pour se délecter d'une savoureuse cuisine parfumée.*

Inoubliable...

✗ *Flâner dans le bazar des souks animés.*

✗ *Marcher d'un village berbère à l'autre sur fond de cultures en terrasses.*

✗ *Se détendre dans un hammam et profiter d'un massage traditionnel.*

Des souks à l'Atlas : mystères du **Maroc**

Selon **Ariane Arpin-Delorme**

Terre ancienne héritière d'une riche histoire, le Maroc conserve toujours une atmosphère empreinte de mystère. Appréciez l'architecture des majestueuses mosquées des cités impériales du nord, où les traditions sont encore bien présentes. Parcourez les souks colorés des médinas séculaires à la recherche de trouvailles originales. Découvrez une cuisine savoureuse influencée tant par les habitudes culinaires africaines et moyen-orientales que par la géographie du territoire. Dans ce pays tout en diversité, vous passerez de l'aridité des déserts à la luxuriance des oasis et de l'élégance des monts enneigés aux kilomètres de plages sablonneuses.

La Koutoubia, Marrakech

Vallée d'Ourika

Tajines

Itinéraire gourmand

Jour 1

Marrakech – Visite de ville – Souk

L'exotisme de Marrakech attire les voyageurs du monde entier. Vagabondez dans sa médina classée au patrimoine mondial de l'UNESCO. Déambulez au milieu de riches soieries, de magnifiques tapis, d'étals de babouches multicolores et de céramiques empilées à gogo. Découvrez les principaux monuments historiques de la vieille ville, dont les tombeaux Saadiens, le palais de la Bahia et la médersa Ben Youssef. En soirée, attablez-vous dans un restaurant donnant vue sur la monumentale mosquée Koutoubia. Savourez des plats comme le couscous à la viande ou aux légumes, la salade grillée *méchouia* ou les aubergines à la *chermoula*. Terminez votre repas par une corne de gazelle, une pâtisserie à base de pâte d'amande et d'eau de fleur d'oranger.

Le safran

En raison de son prix élevé, cette précieuse épice, surnommée l'or rouge, est employée avec parcimonie dans la cuisine marocaine. Le safran provient de la déshydratation des trois stigmates rougeâtres de la fleur du crocus, ce qui lui donne un goût amer. Son arôme peut se rapprocher de celui du miel et sa couleur dorée caractéristique teint les plats qu'il rehausse. Son nom provient du mot arabo-persan *za'farân*, qui signifie « jaune ». Colorant, aromatique, antioxydant et exhausteur de saveur, le safran si polyvalent peut poser tout un défi à qui veut bien l'utiliser! Au Maroc, on l'emploie notamment dans les tajines et les *keftas* (boulettes de viande de bœuf ou d'agneau), de même que dans la *mrouzia*, un mijoté sucré-salé à base d'agneau. Méfiez-vous des imitations et succédanés : le safran en poudre bon marché est souvent allongé de curcuma, de sel et de paprika.

Jour 2

Marrakech – Vallée d'Ourika – Marché traditionnel – Marrakech 140 km

Marchez dans la vallée d'Ourika, une des plus impressionnantes de l'Atlas, avec

L'Afrique et l'Océanie gourmandes

Essaouira • — Chichaoua • — **Marrakech** ■ **Vallée d'Ourika** •
Sidi Kaouki •
Imintanoute • — **Ouirgane** Asni • Imlil •

Océan Atlantique
Agadir • — Taroudant • — Taliouine •

Thé à la menthe

Souk de Marrakech

La pastilla

Dès le Moyen Âge, la pastilla s'est imposée comme un des fleurons de la cuisine marocaine. La fine pâte feuilletée, souvent joliment décorée, est farcie d'un mélange de viande de pigeon hachée, d'oignon, d'œuf parfumé au citron et au miel, d'amandes et de raisins secs, auquel on ajoute une panoplie d'épices et d'herbes fraîches (gingembre, cannelle, safran, curcuma, coriandre, persil). Dans sa variante plus contemporaine, on remplace la viande de pigeon par du poulet. Lors de fêtes, la pastilla est servie en entrée, avant le plat principal.

L'Afrique et l'Océanie gourmandes

sa terre rouge et ses villages typiques. Commencez par la visite du marché du lundi d'Ourika (d'autres marchés se tiennent à Tahanaout le mardi, à Aghbalou le jeudi et à Asni le samedi), où vous choisirez ce qui composera votre repas du midi. En cours de route, prenez un thé à la menthe chez une famille berbère. Retournez à Marrakech où vous pourrez dîner dans un restaurant gastronomique au décor de bois de cèdre et de zelliges (ou *zillij*), ces mosaïques typiques constituées de tessons de faïence colorés.

Jour 3
Marrakech – Imlil – Ouirgane **100 km**

Rendez-vous au pied du mont Toubkal, la plus haute montagne de l'Afrique du Nord.

Arrivé au village d'Imlil, allez vous promener dans les jardins en terrasses. Mangez chez une famille locale avant de poursuivre votre route vers le village d'Ouirgane, où vous pourrez poser vos bagages dans une maison d'hôte entourée d'une oliveraie. Profitez-en pour découvrir les techniques de la culture et de la transformation des olives.

Jour 4
Ouirgane – Randonnée – Hammam – Cours de cuisine

Continuez à pied au milieu de paysages à couper le souffle. Pour vous reposer ou vous récompenser de vos efforts, rendez-vous au hammam et offrez-vous

Essaouira

un massage traditionnel. Profitez de la convivialité d'un cours de cuisine durant lequel le chef vous dévoilera les secrets de mets marocains comme le tajine de poulet ou d'agneau et la salade de carottes cuites au cumin.

Jour 5

Ouirgane – Marrakech – Marché en plein air

70 km

Retour vers Marrakech. En fin de journée, laissez-vous emporter par l'ambiance unique de la fameuse place Jemaa el-Fna. Régalez-vous de l'odorante cuisine de rue au milieu des charmeurs de serpents qui, sous la lumière des lanternes, côtoient les immenses étalages de fruits secs et les pyramides d'épices. Profitez-en

pour recevoir un tatouage traditionnel au henné en échangeant avec les femmes marocaines.

Jour 6

Marrakech – Essaouira

195 km

Rejoignez la côte Atlantique et Essaouira, une cité fortifiée aux jolies teintes blanches et bleues dont l'ambiance décontractée attire hippies et surfeurs. Pour profiter de la magie du lieu, logez dans une auberge donnant sur les falaises où viennent se fracasser les vagues, ou bien dans la médina. Commandez des fruits de mer, tels que langoustes, homards et calamars; ils ne pourront être plus frais!

Jour 7

Essaouira – Marché aux poissons

Levez-vous dès l'aube pour vous promener sur le port et assister à la frénésie de la criée aux poissons après le retour des pêcheurs qui ont passé la nuit en mer à bord de leurs barques d'un bleu éclatant. Laissez-vous tenter par les sardines, araignées de mer et crevettes royales qui s'offrent à vous.

Jour 8

Essaouira – Marrakech

195 km

Retour vers Marrakech afin de faire quelques derniers achats d'objets d'artisanat, de friandises, de fruits secs ou d'épices, avant le retour.

L'Afrique et l'Océanie gourmandes

Parc national de Tsitsikamma

👕 **10 jours**

👕 Du **Cap**
à **Johannesburg**

L'Afrique et l'Océanie gourmandes

Pour qui ?
Pourquoi ?

✗ *Pour les amateurs de vin et les amoureux de la nature. Pour mieux connaître cette « nation arc-en-ciel » aux multiples cultures. Pour s'initier au safari.*

Inoubliable...

✗ *Découvrir à pied la péninsule de Robberg, le parc national de Tsitsikamma et le canyon de la rivière Blyde.*

✗ *Déguster de grands crus sur la route des vins.*

✗ *Prendre part à un safari animalier dans les réserves privées.*

Sur la route des jardins en
Afrique du Sud

*Selon **Ariane Arpin-Delorme***

En Afrique du Sud, vous passerez de la modernité urbaine de la ville du Cap aux grands espaces désertiques du Kalahari, et la beauté spectaculaire des paysages côtiers rivalisera dans vos souvenirs avec celle des parcs nationaux et leur incroyable richesse animalière. Héritière des peuples autochtones, puis influencée par les colons et les immigrants qui ont marqué l'histoire du pays, la réputée cuisine sud-africaine met l'accent sur la viande, qu'on mange grillée, en pain de viande (*bobotie*), marinée, séchée et salée (*biltong*), en tourte (*hoenderpastei*), en ragoût (*potjiekos*) ou avec du riz et des légumes (*biryani*). Arrosez le tout de vin des régions de Franschhoek ou de Stellenbosch, et savourez!

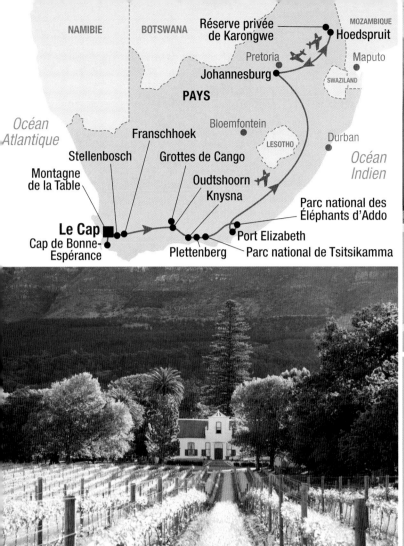

Vignoble, Franschhoek

Bo Kaap, Le Cap

Le braai

Le mot *braai* signifie « barbecue » en afrikaans mais, pour les Sud-Africains, il évoque plus généralement un rassemblement d'amis et de parents. Chaque *braai* est une véritable expérience sociale vécue autour d'un feu, un verre à la main. Selon la tradition, on fait griller au charbon de bois des saucisses *boerewors*, du *skilpadjies* (foie d'agneau enveloppé dans de la crépine) et du *snoek*, un poisson local qui s'apparente au brochet et qu'on peut aussi fumer. Le *braai* annuel du 24 septembre, l'Heritage Day, célèbre le riche patrimoine culturel de l'Afrique du Sud.

Itinéraire gourmand

Jour 1

Le Cap

Arrivée au Cap, visite du centre-ville historique et du quartier coloré de Bo Kaap. Dîner sur le Victoria & Alfred Waterfront, l'ancien port reconverti en front de mer qui abrite aujourd'hui des boutiques, hôtels et cafés branchés. On y trouve d'excellents restaurants, parmi les meilleurs d'Afrique. Peut-être verrez-vous au menu de la venaison (oryx, koudou) ou d'autres animaux de la faune locale.

Jour 2

Le Cap – Cap de Bonne-Espérance – Montagne de la Table – Le Cap 145 km

Profitez d'une visite guidée du jardin botanique national Kirstenbosch avant de vous diriger vers la réserve naturelle du cap de Bonne-Espérance, qui offre une importante variété de fleurs et de plantes. La faune n'est pas en reste : babouins, gnous, zèbres de montagne, porcs-épics, autruches et plusieurs espèces d'oiseaux peuplent la région. Montez ensuite à bord du téléphérique rotatif qui mène au sommet de la montagne de la Table, pour profiter de superbes points de vue sur la ville du Cap.

Jour 3

Le Cap – Route des vins vers Stellenbosch et Franschhoek 90 km

Dirigez-vous vers les régions viticoles de Stellenbosch et Franschhoek. L'industrie viticole du Cap et ses domaines historiques comptent parmi les plus grands trésors du pays. Plusieurs vignobles proposent des dégustations. Certains enrichissent l'expérience gastronomique avec des repas préparés selon le concept « de la ferme à la table ». Découvrez notamment le domaine Spier, l'un des plus anciens d'Afrique du Sud, aujourd'hui axé sur l'agriculture biologique et responsable; de sa ferme, dégustez poulet, fromage de chèvre, betteraves et épinards. Logez dans un vignoble de Franschhoek et partagez le quotidien des vignerons.

L'Afrique et l'Océanie gourmandes

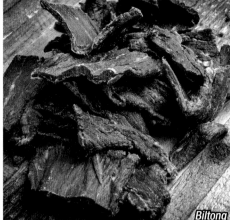

Biltong

Léopard, réserve privée de Karongwe

Grottes de Cango

L'autruche

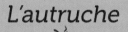

Plusieurs fermes d'élevage d'autruches ont vu le jour aux alentours d'Oudtshoorn. Ce grand oiseau, le plus rapide des espèces d'oiseaux terrestres, est essentiellement herbivore, mais il peut manger tout ce qui passe devant son bec (cailloux, racines, petits animaux), ce qui n'altère pourtant pas sa chair tendre et goûteuse. Moins grasse que d'autres viandes et riche en protéines, la viande d'autruche se mange saignante ou à point. Elle peut également être apprêtée en *biltong*. Ainsi séchée, salée et épicée, elle constitue une excellente collation, énergétique et pratique à transporter en randonnée.

Jour 4
Franschhoek – Oudtshoorn 375 km

Départ pour Oudtshoorn, où sont concentrées plusieurs fermes d'autruches. Profitez-en pour en apprendre davantage sur les conditions d'élevage de cet étrange oiseau. Logez au Swartberg Country Manor, où vous pourrez déguster de la viande d'autruche, qu'on apprête de sublime façon en Afrique du Sud, ou encore l'agneau du Karoo.

Jour 5
Oudtshoorn – Grottes de Cango – Knysna – Plettenberg (optionnel) 180 km

Découvrez les mystérieuses grottes de Cango, puis prenez la route vers Knysna. Afin de sortir des sentiers battus, partez à la découverte des *townships* de Knysna en participant à une visite guidée qui tient compte du tourisme responsable. En soirée, vous pourrez flâner le long du port, bordé de bons restaurants et d'échoppes, ou parcourir une trentaine de kilomètres à l'est, jusqu'à Plettenberg, pour dîner au renommé restaurant The Fat Fish, où vous pourrez déguster des fruits de mer (huîtres, calmars, moules, crevettes) et des poissons (abadèche, truite, merlu) d'une fraîcheur impeccable.

Jour 6
Knysna – Parc national de Tsitsikamma 95 km

Partez en croisière sur la lagune de Knysna, qui prévoit une escale à la réserve naturelle de Featherbed et un déjeuner à bord du bateau. Rendez-vous à l'embouchure de la rivière Storms pour atteindre la forêt de Tsitsikamma, réputée pour ses précieux ocoteas (*stinkwood*), dont le bois est utilisé en ébénisterie. Traversez les ponts suspen-

Parc national des Éléphants d'Addo

dus du parc et explorez le littoral rocheux en suivant une courte piste qui vous permettra de découvrir la végétation côtière. Goûtez aux bières artisanales de la microbrasserie du Tsitsikamma Village Inn.

Jour 7

Parc national de Tsitsikamma – Parc national des Éléphants d'Addo 220 km

Faites route vers le parc national des Éléphants d'Addo, une réserve riche d'une biodiversité unique où habitent plus de 600 éléphants. Partez en safari guidé ou à bord de votre propre véhicule pour observer ces magnifiques bêtes, de même que des rhinocéros noirs, des lions, des buffles et des léopards.

Jour 8

Parc national des Éléphants d'Addo – Port Elizabeth ✈ Johannesburg ✈ Hoedspruit – Réserve privée de Karongwe 115 km

Après un safari matinal, rendez-vous à l'aéroport de Port Elizabeth d'où vous vous envolerez pour Hoedspruit via Johannesburg. Rendez-vous à la réserve de Karongwe pour participer à un safari à pied, en compagnie d'un pisteur. Vivez ce moment privilégié où la faune apparaît au coucher du soleil, puis prenez un repas divin dans le lodge de cette réserve privée.

Jour 9

Réserve privée de Karongwe

Tôt le matin, partez à la recherche des nombreuses espèces d'animaux présentes sur la réserve (léopards, éléphants, lions, guépards, girafes, zèbres, crocodiles, rhinocéros, hippopotames, impalas, gnous). Détendez-vous ensuite près de la piscine. En début de soirée, retournez observer la vie nocturne des animaux du parc, autour d'un point d'eau éclairé.

Jour 10

Réserve privée de Karongwe – Hoedspruit ✈ Johannesburg 80 km

Route vers Hoedspruit, afin de prendre votre vol vers Johannesburg.

L'Afrique et l'Océanie gourmandes

L'Afrique et l'Océanie gourmandes

♟ **Quand y aller ?**

Il est plus agréable de visiter Madagascar pendant la saison sèche de l'hiver austral, qui commence au mois d'avril. L'idéal est d'y voyager entre août et octobre. Des cyclones peuvent survenir de novembre à mars.

Baobabs

♟ **10 jours**

♟ Boucle au départ d'**Antananarivo**

Pour qui ?
Pourquoi ?

✗ *Pour les fervents de la nature. Pour s'adonner à l'observation de la flore et de la faune. Pour sortir des sentiers battus, tout en étant prêt à avaler les kilomètres à la découverte de paysages variés et époustouflants et en visitant des plantations de toutes sortes.*

Inoubliable...

✗ *Parcourir la route des lémuriens et des majestueux baobabs.*

✗ *Traverser en train la charmante ville de Fianarantsoa en route vers Tolongoiana, en longeant une falaise plantée d'eucalyptus.*

✗ *Rencontrer le peuple nomade des Vezo, qui vivent uniquement de la pêche depuis des siècles.*

Madagascar,
sur la route des baobabs

Selon **Ariane Arpin-Delorme**

Surnommée « l'île Rouge », Madagascar enchante ses visiteurs avec la chaleur de ses habitants et la beauté des paysages que dessinent ses collines verdoyantes de rizières et piquetées de petites maisonnettes de terre, ses plages de sable blanc à perte de vue, ses superbes massifs rocheux et ses parcs nationaux d'une extraordinaire biodiversité. La cuisine malgache, où le *vary* (riz) est roi, s'inscrit dans la tradition culinaire créole. Exotique, elle reflète l'influence des peuples africains, arabes et indonésiens qui se sont installés sur l'île, avec des touches françaises, indiennes et chinoises.

Plantation de vanille et de cacao Millot

De nombreux producteurs proposent des visites de leurs fermes de vanille et de cacao. La plantation Millot, située à Ambanja, dans le nord du pays, le long du fleuve Sambirano, est reconnue pour sa vanille, mais produit aussi certains des meilleurs cacaos 100 % biologiques au monde. On y cultive également des fruits tropicaux, du poivre (noir, blanc et vert), des épices et des plantes aromatiques, comme le ylang-ylang, le vétiver et le patchouli. Les huiles essentielles obtenues par distillation sur place alimentent les réputées parfumeries de la ville française de Grasse. Tôt le matin, vous pourrez participer à la cueillette de fleurs fraîches avec les ouvrières. Ne manquez pas de goûter le gâteau au chocolat infusé au rhum de cacao!

Cabosses de cacao

Ravitoto

Sambos

Lémurien

COMORES

MAYOTTE

Canal du Mozambique

Océan Indien

MADAGASCAR

● Antsiranana

Marovoay ●

● Toamasina

Ampefy ● ■ **Antananarivo**

Antsirabe ●

● Ambositra
● Ranomafana

Fianarantsoa ● Plantation de thé Sahambavy

● Ambalavao

Toliara ●

Arboretum d'Antsokay

Réserve villageoise d'Anja

Parc national d'Isalo ● Ranohira

Itinéraire gourmand

Jour 1

Antananarivo – Ampefy 125 km

Loin de l'agitation de la capitale, déjeunez de *mofo gasy*, les petits pains frits traditionnels des hautes terres que l'on accompagne de fruits et de confiture. Cette première expérience gustative vous plonge dans le quotidien de la population locale et vous prépare à découvrir la vieille ville d'Antananarivo avant de visiter la cité royale, située sur la colline bleue d'Ambohimanga. En route, vous croiserez peut-être des femmes malgaches portant un maquillage jaunâtre extrait d'écorce d'arbre, tant pour des raisons esthétiques

que pour se protéger du soleil. À l'heure du midi, prenez place sur la terrasse du restaurant La Varangue, une des meilleures tables de la capitale, et goutez le steak de zébu cuit dans du lard fumé, les foies de poulet au cari ou les carottes épicées avec sauce au cacao. Partez ensuite en direction d'Ampefy pour visiter la chute de la Lily et le lac Itasy, troisième plus grande étendue d'eau du pays. En soirée, au restaurant La Terrasse, vous pourrez d'ailleurs déguster des poissons grillés qui en proviennent.

Jour 2

Ampefy – Antsirabe 155 km

Antsirabe, nichée à 1 500 m d'altitude, jouit d'un climat nettement plus frais. Fondée à la fin du XIXe siècle par un missionnaire norvégien qui souhaitait en faire une station thermale, la ville a accueilli le roi marocain

exilé Mohammed V en 1954. Un palace édifié en son honneur abrite aujourd'hui l'Hôtel des Thermes. Au dîner, vous pourrez y prendre un plat de *foza sy hena-kisoa*, composé de porc frit et de crabe servi avec du riz, ou encore un *romazava*, constitué de feuilles, d'herbes et de morceaux de bœuf et de porc dorés dans l'huile. Notez qu'Antsirabe est reconnue pour ses fruits et légumes, tandis que la friture est très populaire dans toute l'île.

Jour 3

Antsirabe – Ambositra – Ranomafana – Plantation de thé Sahambavy – Fianarantsoa 300 km

Poursuivez votre voyage à travers les hauts plateaux du sud pour atteindre Ambositra, capitale de l'artisanat malgache, recon-

L'Afrique et l'Océanie gourmandes

Rizières

Poissons séchés, Toliara

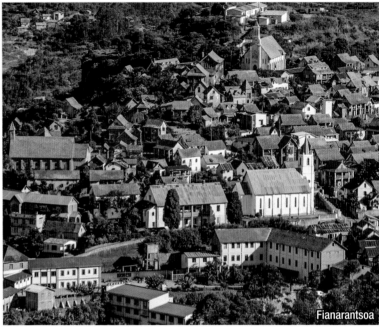
Fianarantsoa

Plantes médicinales de l'Arboretum d'Antsokay

L'Arboretum d'Antsokay met l'accent sur une flore diversifiée qui s'est adaptée, parfois d'extraordinaire façon, à la chaleur et à la sécheresse de la région. Créée en 1980 par un botaniste d'origine suisse, la collection comprend plus de 900 espèces de plantes du sud-ouest de Madagascar, dont 90 % sont endémiques. La visite guidée vous renseignera sur la relation qui s'est établie entre l'homme et le règne végétal, fondée sur l'utilisation des plantes médicinales (dont 80 % ont des propriétés curatives) et sur l'importance de leur conservation, de nombreuses espèces étant menacées de disparition.

L'Afrique et l'Océanie gourmandes

nue pour l'art du peuple Zafimaniry qui habite la région. Visitez différents ateliers de sculpture de bois, puis dirigez-vous vers la forêt tropicale de Ranomafana, paradis de la biodiversité de la faune et de la flore (palmiers du voyageur, bambous et orchidées). Arrêtez-vous à la plantation de thé Sahambavy, la seule du pays. Sa production journalière moyenne de 20 tonnes de feuilles fraîches est cueillie à la main par quelque 250 employés. En visitant les champs de théiers, vous en apprendrez davantage sur les procédés de préparation et de transformation, avant de savourer un thé bien corsé. Faites ensuite route vers Fianarantsoa, où vous goûterez la soupe *lasopy*, à base de bouillon de veau ou de bœuf et de légumes (carottes, navets, pommes de terre, échalotes, haricots et tomates), servie avec des craquelins ou du pain frais.

Jour 4
Fianarantsoa – Vignoble

La grande richesse architecturale de Fianarantsoa, capitale du peuple Betsileo, témoigne des différentes étapes de la colonisation de Madagascar. Avec son vignoble de près de 300 hectares, elle est la plus grande productrice de vins de l'île. Visitez le domaine viticole du Clos Malaza, où vous dégusterez les vins rouges, blancs et gris qui ont fait la réputation de la marque.

Jour 5
Fianarantsoa – Ambalavao – Réserve villageoise d'Anja – Ranohira 280 km

Quittez les hauts plateaux de Madagascar, dominés par le majestueux massif d'An-

dringitra, pour entrer dans le microclimat de la brousse sèche et semi-désertique du sud. Faites halte dans la petite ville d'Ambalavao, un des trésors culturels du pays, avec ses maisons traditionnelles garnies de vérandas. Le midi, prenez place à la table de l'hôtel Aux Bougainvilliers pour découvrir la succulente cuisine malgache : *ravitoto*, un plat national (feuilles de manioc pilées et viande de porc agrémentées de gingembre et de noix de coco), *achard* (condiment de légumes macérés dans du vinaigre relevé aux épices) et *sambos* (chaussons semblables aux *samossas* indiens). Continuez vers la réserve villageoise d'Anja, parfait exemple de coexistence des humains avec la nature, que l'État malgache a désignée aire protégée en 1999. Ne manquez pas de visiter la papeterie Antemoro, qui fabrique un papier à base d'écorce d'*avoha* incrustée de

Sur la route du parc national d'Isalo

fleurs, exporté partout dans le monde. Cap ensuite sur Ranohira.

Jour 6
Ranohira – Parc national d'Isalo – Ranohira 40 km

Jouez à l'archéologue dans le paysage lunaire de grès rouge du parc national d'Isalo. Découvrez canyons, chutes, oasis et piscines naturelles en marchant au son des chants de plus de 70 espèces d'oiseaux qui y côtoient différents spécimens de lémuriens, dont le fameux lémur catta. Terminez la journée en admirant un magnifique coucher de soleil à travers la célèbre formation rocheuse surnommée la « fenêtre de l'Isalo ». Offrez-vous une gâterie de *koba* (pâtisserie à base de cacahuètes broyées, de farine de riz et de sucre) ou de *mofo baolina* (beignets) qu'on déguste avec du lait chaud ou du thé.

Jour 7
Ranohira – Arboretum d'Antsokay – Toliara 240 km

Traversez un des nombreux villages nés de la ruée vers le saphir et circulez dans une forêt sèche d'arbres à feuilles caduques. Découvrez vos premiers majestueux baobabs en chemin vers le canal du Mozambique. Visitez l'Arboretum d'Antsokay, créé vers 1980, situé dans un petit hameau proche de gisements calcaires qui servent à fabriquer de la chaux vive. Déjeunez de mérou et de thon, spécialités de cette région côtière, à l'Auberge de la table.

Jours 8 et 9
Toliara

Séjour balnéaire sur les plages de la région de Toliara, petit paradis de cocotiers. Profitez de l'occasion pour rencontrer le peuple des Vezo. Ne vivant que de la pêche depuis des siècles, ces familles nomades se promènent d'îlot en îlot à la recherche de poissons et de poulpes qu'ils salent ensuite avant de les faire sécher au soleil.

Jour 10
Toliara ✈ Antananarivo – Cours de cuisine

Vol vers Antananarivo. Trouvez un moment pour essayer le *masikita* (fine brochette de viande de zébu cuite au charbon de bois) et le *mokary* (galette de farine de riz au lait de coco) proposés sur la rue. Un cours de cuisine vous initiera aux épices de Madagascar et vous dégusterez ensuite un dîner gastronomique sur les hauteurs de la ville : un régal pour les papilles et pour les yeux, avec la vue imprenable sur le lac Anosy et les lumières de la capitale, tout en sirotant le *ranonapango* (préparé à partir du riz brûlé récupéré du fond des casseroles auquel on ajoute de l'eau chaude).

L'Afrique et l'Océanie gourmandes

Quand y aller ?
Partez entre les mois de mai et octobre, ou, mieux encore, de juin à septembre. L'observation de la faune se fait pendant la saison sèche, quand les animaux se rassemblent autour des points d'eau.

Femmes masaïs au puits

11 jours

Boucle au départ de Nairobi

Pour qui ? Pourquoi ?

✗ *Pour ceux qui cherchent une destination africaine abordable. Pour prendre part au meilleur safari-photo qu'offre l'Afrique. Pour sortir des sentiers battus à la rencontre de minorités ethniques aux coutumes surprenantes. Pour goûter une cuisine originale.*

Inoubliable…

✗ *Survoler en montgolfière la réserve nationale du Masai Mara pendant la grande migration d'animaux qui traversent la rivière Mara.*

✗ *Dîner à la belle étoile dans le bush africain en écoutant le concert nocturne des animaux sauvages.*

✗ *Rencontrer les Samburu et les Masaï.*

L'Afrique et l'Océanie gourmandes

Karibu, bienvenue au **Kenya!**

Selon **Ariane Arpin-Delorme**

Découvrez la savane africaine du Kenya, décor naturel de *Souvenirs d'Afrique*, le célèbre film de Sydney Pollack (1985), inspiré du roman *La Ferme africaine* de Karen Blixen. Étendues sauvages, forêts d'acacias et montagnes coiffées de neiges éternelles composent la toile de fond de ce magnifique pays considéré comme le berceau de l'humanité. Parcourez le parc national des Aberdares, la réserve nationale de Samburu, le parc national du lac Nakuru et la réserve nationale du Masai Mara, où se trouve la plus grande densité de lions au monde. Explorer le Kenya, c'est aussi se faire souhaiter « *karibu* » (« bienvenue » en swahili) par des peuples qui souhaitent partager la richesse de leurs traditions ancestrales, et c'est apprivoiser une cuisine singulière, influencée par celles du Portugal, de la Chine, de l'Angleterre et de l'Inde.

Restaurant Carnivore, Nairobi

Table dressée dans le bus

Oryx beïsa

L'ugali

L'*ugali*, une sorte de gâteau mi-dur fait de farine de *mahindi* (maïs) ou de *mtama* (sorgho), est le *chakula* (mets) national kenyan. Bien copieux, il est généralement servi dans un grand plat que tous partagent (en utilisant bien sûr sa main droite!). Il accompagne aussi bien le poisson que les viandes de bœuf ou d'agneau grillées (*nyama choma*) ou les *sukuma wiki* (légumes).

Itinéraire gourmand

Jour 1

Nairobi – Restaurant Carnivore

Nairobi, quatrième plus grande ville d'Afrique, est notamment connue pour sa vie nocturne, ses cafés et ses musées, dont un consacré à Karen Blixen. Les visiteurs apprécient également le fait de pouvoir admirer des lions sauvages et des buffles dans la seule réserve urbaine au monde, située à 20 minutes du centre-ville. Le soir, dînez au fameux restaurant Carnivore, qui mérite bien son nom. Vous trouverez au menu des plats de bœuf, de porc ou encore de chèvre cuite sur le feu (*nyama choma*), ainsi que de l'autruche et même du crocodile pour les plus aventureux!

Jour 2

Nairobi – Plantation de thé de Kiambethu – Parc national des Aberdares 150 km

Dirigez-vous vers le parc national des Aberdares, du côté est de la vallée du Rift. En route, arrêtez-vous à la plantation de thé de Kiambethu. Déjeunez sur place avant de continuer vers la région de Niery, située entre les monts Aberdares et le mont Kenya. Prenez l'apéro devant le soleil couchant en observant les girafes.

Jour 3

Parc national des Aberdares – Réserve nationale de Samburu – Village Samburu 200 km

Roulez vers la réserve nationale de Samburu, entourée de volcans. Profitez des magnifiques paysages de collines, de canyons et de forêts parsemées de palmiers doums. Prenez un déjeuner typique de viande de bœuf, de chèvre ou de mouton accompagnée de *githeri*, un mélange de fèves rouges et de maïs, ou de *matoke* (plantain pilé). En après-midi, partez en safari-photo sur la piste des animaux qui viennent boire le long de la rivière Ewaso Ng'iro. On peut y observer des espèces rares, comme le zèbre de Grévy, la girafe réticulée, le gérénuk (gazelle de Waller) et l'oryx beïsa. Vous aurez l'occasion d'apprendre à connaître la culture

L'Afrique et l'Océanie gourmandes

Les Samburu

Réserve nationale du Masai Mara

Influences indiennes

Une très importante communauté indienne est installée au Kenya depuis plus de 100 ans, à la suite de l'arrivée des ouvriers venus d'Inde participer à la construction des chemins de fer sous le règne britannique. Épicés et majoritairement végétariens, plusieurs plats indiens sont à base de féculents et de légumineuses. Le *chai*, un thé très laiteux et doux, les *chappattis* et les chutneys composent le petit déjeuner traditionnel des Indiens du Kenya. Le riz *pilau*, cuit comme du riz pilaf mais aromatisé à l'indienne, fait aussi partie de leurs traditions culinaires. Le *samosa*, une délicieuse pâte farcie de viande ou de légumes, est servi en collation ou pour accompagner l'apéritif. Beaucoup d'Indiens travaillent dans les établissements hôteliers et les restaurants kenyans. Cela explique sans doute pourquoi on retrouve souvent aux menus le *thali* (un assortiment de plats végétariens ou carnés), les caris, le poulet *tandoori*, des mets à base de riz, dont le *biryani*, et des crêpes, comme les *uttapam*.

Riz *pilau*

des Samburu, qui vivent encore selon leurs traditions ancestrales. Admirez le spectacle du coucher de soleil sur le bord d'un point d'eau, un verre de bulles à la main.

Jour 4

Réserve nationale de Samburu – Atelier culinaire

Un *mandazi* (type de beignet mi-sucré) dans votre baluchon, partir en safari-photo matinal vous permettra d'observer les animaux à leur réveil. Des lions et de nombreuses espèces d'antilopes fréquentent la plaine de Samburu. Joignez-vous ensuite aux chefs en cuisine pour la préparation du déjeuner : *ugali* (voir l'encadré) et ragoût de *sukuma wiki* (chou cavalier), accompagnés de chutney *kachumbari* (tomates en dés, oignons, piments, coriandre, jus de lime et avocat). La réserve nationale de Samburu est l'un des parcs du Kenya où les léopards

se laissent observer le plus facilement. On peut également y admirer de nombreux éléphants, hippopotames, crocodiles et antilopes naines (madoquas), de même que des centaines d'espèces d'oiseaux (grues couronnées, serpentaires, aigles, vautours, cigognes, etc.).

Jour 5

Réserve nationale de Samburu – Parc national du lac Nakuru – Dîner gastronomique et digestif dans la savane 300 km

Dirigez-vous vers le parc national du lac Nakuru, sanctuaire de rhinocéros blancs et noirs ainsi que paradis aviaire peuplé de plus de 450 espèces d'oiseaux, dont des jacanas, spatules, flamants et cormorans. Créé en 1960, ce territoire situé à 1 700 m

d'altitude a été la première réserve ornithologique d'Afrique. C'est aussi un des rares endroits où l'on peut s'approcher des rhinocéros. On peut également y observer des phacochères, des colobes noirs et blancs, des babouins et des girafes de Rothschild. Prenez un dîner gastronomique dans ce havre de fraîcheur donnant vue sur le lac. Savourez un buffet grandiose composé d'une variété de viandes, comme de l'agneau, du lapin ou du poulet *ingoho* (cuisiné selon le style de la minorité ethnique des Luhya), accompagnées de riz et de divers légumes racines cuits à la vapeur.

Jour 6

Parc national du lac Nakuru – Réserve nationale du Masai Mara – Cours de cuisine 275 km

Quittez le lac Nakuru pour vous diriger vers Njoro, puis vers la réserve nationale du

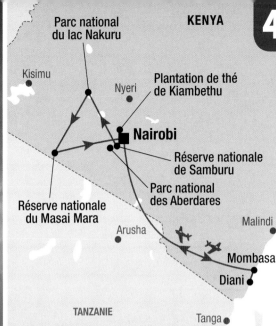

Diani

Masai Mara, le plus grand territoire protégé d'animaux sauvages d'Afrique. Un cours de cuisine vous permettra d'apprêter les fruits, légumes et herbes aromatiques fraîchement cueillis dans le potager et le verger de votre lodge. En fin d'après-midi, partez en safari à la recherche des « Big Five » (lions, léopards, éléphants, buffles et rhinocéros). Vous aurez peut-être la chance d'observer également des hyènes, des chacals, des zèbres de Burchell, des gazelles de Grant et de Thomson, des élans, des impalas, des gnous, des hippopotames et des crocodiles.

Jour 7
Balade en montgolfière – Réserve nationale du Masai Mara – Village Maasaï

Offrez-vous une envolée en montgolfière. Dès l'aube, le ballon s'élève dans la fraîcheur de l'air matinal, survolant la mythique réserve nationale du Masai Mara. Après l'atterrissage au milieu de la savane, un somptueux petit déjeuner accompagné d'un verre de mimosa vous attendra sous les acacias. Le Masai Mara est aussi connu pour sa grande migration annuelle, le plus vaste mouvement de mammifères terrestres de la planète. Vers la fin d'août ou le début de septembre, plus d'un million de gnous et de zèbres traversent la rivière Mara. Prenez le temps de visiter un village masaï, où vous découvrirez les coutumes de ce peuple qui vit en lien étroit avec la nature. Cuisinez le *karanga*, un ragoût de viande (poulet, bœuf ou chèvre) et de pommes de terre, avec les femmes masaïs du village.

Jour 8
Réserve nationale du Masai Mara – Nairobi ✈ Mombasa – Diani – Cours de cuisine 315 km

Retour à Nairobi par les pistes en retraversant la vallée du Rift, pour prendre un vol vers Mombassa. Profitez de la plage de Diani sur l'océan Indien, à une trentaine de kilomètres au sud du centre de Mombassa. Offrez-vous un dernier cours de cuisine locale au bord de l'eau. Concoctez des mets à base de fruits de mer (crevettes, huîtres, homard, crabes), accompagnés de riz *wali* cuit dans du lait de coco et de pommes de terre pilées avec des pois, du maïs et des feuilles de citrouille, puis sautées avec des oignons.

Jours 9 et 10
Diani

Quelques jours de farniente sur la plage de sable blanc de Diani. De nombreuses activités nautiques s'offrent à vous sur le rivage de l'océan Indien : plongée, kayak de mer, planche à voile, planche à rame, surf cerf-volant…

Jour 11
Diani – Mombassa ✈ Nairobi

Retour à Nairobi.

 L'Afrique et l'Océanie gourmandes

Plantation de thé

👨‍🍳 **6 jours**

👨‍🍳 De **Kigali** à **Ruhengeri**

Pour qui ?
Pourquoi ?

✗ *Pour observer les gorilles des montagnes et les chimpanzés. Pour sortir des sentiers battus et rencontrer un peuple qui a su se rebâtir malgré une histoire difficile. Pour explorer ce pays qui s'impose dans le domaine du tourisme durable et responsable.*

Inoubliable…

✗ *Découvrir le quotidien des Rwandais au marché de Kimironko, à Kigali.*

✗ *Se détendre au milieu des plantations de thé et profiter des spectaculaires levers du soleil.*

✗ *Observer une famille de gorilles des montagnes au parc national des Volcans.*

L'Afrique et l'Océanie gourmandes

Le **Rwanda,**
pays des mille collines

*Selon **Ariane Arpin-Delorme***

L es paysages agricoles verdoyants dominent le Rwanda, le pays aux mille collines. Les bananeraies et les plantations de thé et de café qui les tapissent témoignent du climat agréable du territoire. Son sol rouge, ponctué de modestes maisonnettes en briques de terre coiffées de toits de tôle, nous emmène hors du temps, une impression que renforce la rencontre des primates dans le parc national de Nyungwe ou le parc national des Volcans. La visite des marchés et des exploitations agricoles permet de découvrir la simple et réconfortante cuisine traditionnelle du Rwanda, à base de pommes de terre, de légumineuses, de maïs, de plantain, de poisson et de fruits.

Gorille, parc national des Volcans

Ibitoke

Le mets national du Rwanda, l'*ibitoke*, aussi souvent appelé *matooke* dans les pays d'Afrique de l'Est, est préparé avec une variété de plantain. On récolte le fruit lorsque sa pelure est encore verte. On l'épluche soigneusement avant d'en faire une purée qu'on enveloppera dans des feuilles de plantain pour la cuire à la vapeur dans une *sufuria* (une sorte de casserole profonde) sur un feu de charbon ou de bois. La cuisson transforme ce fruit blanc et dur en une purée jaune et tendre. L'*ibitoke* est généralement servi avec une sauce de légumes et d'arachides, parfois avec un peu de viande.

arborescentes géantes jusqu'à l'impressionnante chute Isumo. Au retour, visitez la plantation de thé de Gisakura. Le thé rwandais, qui compte parmi les meilleurs au monde, constitue l'un des principaux produits d'exportation du pays, dont les fertiles sols volcaniques et le climat tempéré assurent des conditions de culture parfaites. Revenez au lodge pour le dîner et désaltérez-vous en dégustant l'une des boissons locales, comme la bière de bananes (bananes fermentées et farine de sorgho), l'*ikigage* (à base de sorgho sec), ou l'*ubuki* (fabriqué à partir de miel fermenté).

Jour 4

Parc national de Nyungwe – Lac Kivu – Cours de cuisine 50 km

Rejoignez aujourd'hui le lac Kivu, entouré de paysages époustouflants. Profitez de la plage avant de prendre part à un cours de cuisine qui met l'accent sur les produits frais provenant du lac (notamment le tilapia) et des alentours. Peut-être goûterez-vous à l'*isombe*, des feuilles de manioc pilées servies avec du poisson séché.

Jour 5

Lac Kivu – Ruhengeri 80 km

En route vers Ruhengeri, admirez la riche mosaïque de l'écosystème montagneux et volcanique de la région. Vous traverserez des forêts de bambous, des prairies, des marais et des landes, et vous pourrez repérer plusieurs espèces d'oiseaux.

Jour 6

Ruhengeri – Parc national des Volcans

Aux premières lueurs de l'aube, partez avec un guide et son équipe de porteurs explorer la jungle à la recherche d'une des familles de gorilles de montagne vivant dans le parc national des Volcans. Vous ne pourrez rester indifférent à ces magnifiques créatures, surtout si vous croisez leur regard : un moment inoubliable d'une rare intensité!

Itinéraire gourmand

Jour 1

Kigali

Commencez votre découverte de la capitale Kigali par le marché de Kimironko où vous pourrez observer le quotidien des Rwandais. Dirigez-vous ensuite chez un torréfacteur de café pour une démonstration et une dégustation. Familiarisez-vous avec la cuisine locale qui met en vedette l'*ibitoke*, un plantain cuit au four ou à la vapeur, ou l'*ugali*, une sorte de gâteau mi-dur à base de farine de maïs ou de manioc que l'on sert avec divers accompagnements (poisson, viande, légumes). En après-midi, visitez le Mémorial du génocide de Kigali, érigé en mémoire des victimes des tristes événements de 1994.

Jours 2

Kigali – Parc national de Nyungwe 230 km

La forêt Nyungwe, la plus grande forêt tropicale du continent africain, semble issue d'un conte de fées avec ses vieux boisés d'acajous et ses orchidées multicolores. Une promenade sur les ponts suspendus au-dessus de la canopée vous en donnera une tout autre perspective.

Jour 3

Parc national de Nyungwe – Chute Isumo – Plantations de thé

Cheminez dans la forêt en suivant une succession de ravins parmi des fougères

L'Afrique et l'Océanie gourmandes

Quand y aller ?
Le climat varie selon les régions. Visitez le sud et la Tasmanie pendant l'été austral, de décembre à février (mais vous ne serez pas seul!), ou choisissez le nord en hiver, de juin à août.

Vallée de Yarra

5 jours

Boucle au départ de **Melbourne**

Pour qui ?
Pourquoi ?

✗ *Pour les connaisseurs de vin qui apprécient les grands crus du Nouveau Monde.*

✗ *Pour les fervents des activités de plein air comme le vélo, la randonnée et les sports nautiques.*

✗ *Pour les amateurs de caravaning.*

Inoubliable...

✗ *Se balader en montgolfière au-dessus de la vallée de Yarra à l'aube.*

✗ *Pédaler au milieu des vignobles de la région de Milawa pour goûter aux produits du terroir local et visiter les marchés fermiers.*

✗ *Découvrir l'art de rue des lanes et des arcades de Melbourne.*

Australie : vignobles
italiens et culture du café

*Selon **Ariane Arpin-Delorme***

L'Australie, la plus grande île du monde, compte plus de 500 parcs nationaux et 15 sites classés au patrimoine mondial de l'UNESCO. Elle dévoile son riche patrimoine naturel et humain de la majestueuse Sydney, avec son opéra emblématique, à la plus grande barrière corallienne au monde, en passant par ses plages, son cœur désertique, ses anciennes forêts tropicales, ses routes panoramiques et ses vallées viticoles. Sa gastronomie, résultat de la fusion des cuisines britannique et indigène, est également influencée par l'immigration. À Melbourne et ses alentours, la contribution italienne est omniprésente, notamment dans la culture du café.

Vallée du Roi

Pavlova

La coffee culture *de Melbourne*

L'histoire d'amour qu'entretient Melbourne avec le café aurait débuté à l'arrivée des premières machines à expresso dans les années 1950. De nos jours, l'engouement pour ce nectar ne se dément pas. Les connaisseurs de café sont exigeants et veulent tout connaître de ce qu'ils boivent : origine des grains, expertise du producteur, méthodes de torréfaction, etc. Le décor des cafés est généralement minimaliste et laisse toute la place à la boisson, que l'on sert souvent avec des gâteaux concoctés dans les boulangeries du quartier. Melbourne est également parsemée de minuscules bars à expresso où l'on s'accoude au comptoir pour avaler un café en vitesse. Aujourd'hui, il est presque impossible de se balader dans la ville sans sentir l'arôme envoutant d'un expresso parfaitement dosé!

Itinéraire gourmand

Jour 1
Melbourne – Vallée de Yarra – Vignoble – Vallée du Roi 50 km

Cap sur la superbe vallée de Yarra où la viticulture a pris racine en 1838. On y trouve de nombreux vignobles, restaurants et boutiques de produits du terroir et d'artisanat. Cette région compte plus de 80 établissements vinicoles connus pour leurs vins mousseux et leurs chardonnay, pinots noirs, shiraz et cabernets sauvignons. Dégustation au vignoble de la famille italienne De Bortoli, installé en surplomb de pittoresques collines et voisin d'une fromagerie. Route vers la magnifique vallée du Roi.

Jour 2
Vallée du Roi – Milawa – Cours de cuisine italienne

Commencez la journée comme les Australiens en recouvrant votre pain grillé de Vegemite, une tartinade locale à base de levure de bière. La vallée du Roi (King Valley), située aux contreforts du parc national Alpine, est reconnue pour ses variétés de vins inspirés des cépages italiens. Même si ses débuts datent de la fin du XIXᵉ siècle, la viticulture australienne n'a pris son essor que tout récemment, quand la culture du tabac a cédé sa place à celle de la vigne. À l'école A

L'Afrique et l'Océanie gourmandes

Echuca
Albury
Wangaratta
Milawa
Lac Nagambie   Euroa
Vallée du Roi
Bendigo
Montagnes
de Strathbogie
Ballarat
Melbourne
Vallée de Yarra
Geelong
Traralgon
Lorne
Péninsule
de Mornington

Détroit de Bass

Kangourous

Art de rue, Melbourne

Tahbilk Wines

Les plantes aborigènes

De plus en plus de chefs australiens cherchent à intégrer les plantes aborigènes et sauvages dans leurs plats, et la cuisine nationale a récemment connu un renouveau inspiré par ce mouvement de retour à la nature. De grands chefs de Melbourne, Port Douglas, Sydney ou d'ailleurs ajoutent maintenant à leur menu des plantes ou des algues récoltées le long de la rivière Margaret dans l'ouest, sur une plage de sable, dans le *bushland* central près d'Uluru, dans la forêt tropicale Daintree ou dans les mangroves. En milieu urbain, on peut parfois en voir certains explorer les rues, les parcs et même les voies de chemins de fer à la recherche de plantes comestibles. Valorisant le goût, la texture et la polyvalence des ingrédients indigènes, les chefs les apprêtent ensuite avec des viandes de kangourou, de wallaby, d'émeu ou de crocodile. Plusieurs écoles de cuisine proposent des cueillettes saisonnières encadrées qui permettent d'apprendre à bien identifier les plantes sauvages. Les menus contemporains bénéficient grandement des traditions aborigènes avec l'utilisation de ces végétaux dans leur cuisine fusion.

Tavola, la chef Katrina Pizzini vous enseignera quelques secrets de la cuisine italienne. Dînez au restaurant Merlot, reconnu pour cuisiner les meilleurs produits locaux, dont les réputés baies bleues, miels, moutardes et fromages de Milawa.

Jour 3

Milawa – Vignoble – Euroa 95 km

Pédalez au milieu des vignes et dégustez d'excellents fromages en cours de route.

Visitez le vignoble historique des frères Brown. Avec les Alpes victoriennes comme toile de fond et les magnifiques pâturages verdoyants de la vallée du Roi, vous profiterez d'un cadre unique pour déguster le vin australien. Faites halte dans la pittoresque ville d'Euroa, où vous trouverez plusieurs boutiques et commerces (antiquités, vêtements, bijoux de designers, librairies, galeries d'art, cafés, boulangeries…). Au repas du soir, commandez du gibier ou de la viande de kangourou que vous arroserez de vins locaux. Ne manquez pas de goûter au pavlova, un dessert à base de meringue créé en l'honneur de la ballerine russe Anna Pavlova après son passage en Australie et en Nouvelle-Zélande. Les deux pays en revendiquent d'ailleurs la paternité.

Cape Schanck

Jour 4

Euroa – Montagnes de Strathbogie – Lac Nagambie – Melbourne 190 km

Ce paysage unique de terres agricoles et de forêts compte plus d'une vingtaine de vignobles. La haute altitude et le climat frais de la région donnent des vins élégants à siroter quand le soleil se couche sur le pays de Ned Kelly, le Robin des Bois australien. À Avenel, découvrez le réputé vignoble Fowles et ses vins raffinés, qui accompagnent bien les plats que prépare le restaurant de la maison, le Cellar Door Café. Poursuivez vers le domaine de Tahbilk Wines, situé dans la région du lac Nagambie. Établi en 1860, ce vignoble, l'un des plus anciens d'Australie, possède les plus vieilles vignes de marsanne et de shiraz au monde. En route vers Melbourne, régalez-vous d'une tarte à la viande (*meat pie*), que les Australiens mangent sur le pouce. On en trouve un peu partout dans les casse-croûte et les stations d'essence. Au rayon de la restauration rapide locale, essayez l'*Aussie pizza* au jambon, fromage et œufs, ou l'*Aussie burger*, qui renferme des betteraves marinées, des œufs et du bacon.

Jour 5

Melbourne – Péninsule de Mornington – Melbourne 150 km

À quelques kilomètres au sud de Melbourne, découvrez la péninsule de Mornington, où nichent vergers, oliveraies et vignobles. Plus de 50 établissements vinicoles y produisent des pinots noirs et des chardonnay qui bénéficient du doux climat maritime de ce territoire. Reconnue pour ses stations balnéaires, ses terrains de golf et ses spas, la région s'enorgueillit aussi de ses marchés fermiers animés. À Flinders, vous trouverez le célèbre chocolatier Mornington Peninsula Chocolates ainsi que de nombreuses galeries d'art. Poursuivez jusqu'au vignoble Montalto et son verger d'oliviers. Le domaine est réputé pour son ambiance détendue et son accueil, la beauté de ses installations et son restaurant. Offrez-vous une dégustation de vins suivie d'un délicieux repas avec vins assortis. Profitez des vues incroyables sur la baie de Bushrangers et promenez-vous autour de Cape Schanck. De retour à Melbourne, commandez un repas de *fish and chips* à l'anglaise.

 L'Afrique et l'Océanie gourmandes

Quand y aller ?
La belle saison pour visiter la Nouvelle-Zélande s'étend de novembre à avril. Notez toutefois que le temps est souvent venteux dans le pays, même durant cette période.

Otago Central Rail Trail

4 jours

Boucle au départ de **Queenstown**

L'Afrique et l'Océanie gourmandes

Pour qui ? Pourquoi ?

✗ *Pour les amateurs de vin. Pour les mordus d'activités de plein air. Pour parcourir à vélo, en voiture ou en véhicule récréatif (attention, conduite à gauche!) des paysages parmi les plus impressionnants au monde.*

Inoubliable...

✗ *Apercevoir un faucon de Nouvelle-Zélande en traversant la gorge de Poolburn.*

✗ *Rencontrer des producteurs de pinot noir et déguster leurs produits.*

✗ *Prendre le train vers Dunedin en admirant au passage la spectaculaire gorge de Taieri.*

À vélo dans les vignobles de la **Nouvelle-Zélande**

Selon **Ariane Arpin-Delorme**

Avec ses montagnes enneigées, ses lacs, ses pâturages et ses grottes aux vers luisants, l'île du Sud de la Nouvelle-Zélande déploie ses paysages champêtres et urbains dans une belle sérénité. Cet itinéraire vous invite à en découvrir une partie à vélo, un périple accessible à travers des vignobles sur le terrain généralement plat de l'Otago Central Rail Trail, une piste cyclable qui suit l'emprise d'une ancienne voie ferrée. Une façon différente de découvrir les principaux produits alimentaires de la Nouvelle-Zélande que sont l'agneau, le vin et le kiwi, ce fruit local qui partage son nom avec un adorable oiseau terrestre endémique du pays.

Un agneau de qualité dans un paradis vert

Lorsqu'on pense à la Nouvelle-Zélande, on imagine souvent ses vastes pâturages verts parsemés de taches blanches. Et pour cause, puisque ce pays compterait six fois plus moutons que d'habitants! Les éleveurs néo-zélandais, qui doivent respecter des règles très strictes interdisant entre autres l'utilisation d'hormones et d'antibiotiques, peuvent se vanter de produire l'une des meilleures viandes d'agneau au monde. Le jeune agneau de lait de quatre ou cinq mois (le célèbre « agneau du printemps ») est particulièrement réputé pour la finesse de sa chair, celle de ses aînés ayant une saveur de mouton plus prononcée.

Gorge de Taieri

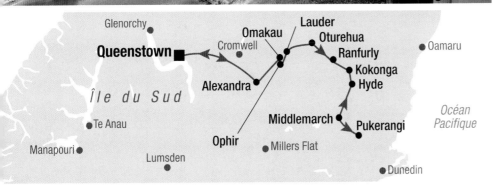

vée d'une moutarde maison, les foies de poulet à la gelée de mangue, ou encore les pétoncles accompagnés de boudin. Poursuivez ensuite vers la vallée de l'Ida et la ville d'Oturehua.

Jour 3
Oturehua – Ranfurly – Kokonga 50 km

Commencez votre journée en pédalant jusqu'à Wedderburn puis vers Ranfurly, la capitale Art déco de la région d'Otago. Arrêtez dans un pub local pour prendre un déjeuner à l'anglaise de *fish and chips* ou d'un sandwich au bacon (*bacon butty*). De là, traversez la plaine de Maniototo pour rejoindre Waipiata, puis Kokonga.

Jour 4
Kokonga – Hyde – Middlemarch – Pukerangi – Queenstown 300 km

Le point culminant de votre dernière journée est la très belle section du parcours reliant Daisybank et Hyde, le long de la rivière Taieri. Continuez ensuite jusqu'à Middlemarch en longeant la voie ferrée et admirez les anciennes gares que vous y croiserez. Poursuivez votre route jusqu'à Pukerangi, où vous monterez à bord d'un train touristique pour faire un parcours pittoresque vers Dunedin en passant par la spectaculaire gorge de Taieri. Vous bouclerez votre voyage en retournant à Queenstown en autocar ou en voiture pour prendre un repas dans un des excellents restaurants de la ville, dont le Rata du chef Josh Emett. Du carpaccio de thon au saumon nappé de vin de la région du Marlborough, en passant par l'agneau Mérino à la truffe et la poitrine de canard de Cambridge rôtie, vous pourrez goûter là au meilleur de la cuisine néo-zélandaise moderne.

Itinéraire gourmand

Jour 1
Queenstown – Alexandra – Omakau – Ophir 120 km

Au départ de Queenstown, roulez jusqu'à Alexandra. En chemin, vous pourrez faire un arrêt dans l'un des vignobles de la région, réputée pour ses pinots noirs. Ceux de Clyde Village, Grey Ridge et Judge Rock se trouveront notamment sur votre route. Continuez ensuite votre parcours en longeant la rivière Clutha. Du haut de Tiger Hill, descendez vers Omakau pour déjeuner à la Chatto Creek Tavern, un pub historique établi en 1886. Au menu : une chaudrée de fruits de mer suivie d'un plat de morue

bleue panée, ou des côtes levées barbecue servies avec frites et maïs en épis. Rendez-vous ensuite à Ophir, le temps d'admirer ses nombreux bâtiments historiques. En soirée, dînez de gigot d'agneau aux herbes printanières avec vins régionaux assortis.

Jour 2
Ophir – Lauder – Oturehua 45 km

Prenez aujourd'hui la direction de Lauder. En chemin, vous roulerez sur l'une des sections les plus spectaculaires de votre parcours : la gorge de Poolburn, habitat du faucon de Nouvelle-Zélande. Arrêtez-vous à Lauder pour le déjeuner. Il existe plusieurs endroits d'où vous pourrez admirer le paysage en cassant la croûte, mais le Pitches Store est particulièrement accueillant. Essayez la soupe aux pois rele-

 L'Afrique et l'Océanie gourmandes

🍴 **Quand y aller ?**
En hiver, de mai à octobre, le temps est doux et moins pluvieux. De juin à septembre, cette destination est très courue par la clientèle australienne et néo-zélandaise. Choisir mai ou octobre de préférence.

🍴 **3 jours**

🍴 Boucle au départ de
Nadi (île de Viti Levu)

Pour qui ?
Pourquoi ?

✗ *Pour profiter de paysages paradisiaques en empruntant des sentiers de randonnée facilement accessibles. Pour voguer d'île et île et admirer les fonds marins. Pour rencontrer un peuple accueillant, fier de ses rites et de ses coutumes colorées.*

Inoubliable...

✗ *Partager le quotidien d'une famille à Navala, et en profiter pour apprendre quelques recettes locales.*

✗ *Pratiquer des activités de plein air sur l'île de Robinson Crusoé.*

✗ *Participer à la préparation du traditionnel lovo.*

L'Afrique et l'Océanie gourmandes

Fidji, paradis perdu du Pacifique

*Selon **Ariane Arpin-Delorme***

Minuscule point posé au milieu du Pacifique, les Fidji représentent l'Eldorado que tous les voyageurs rêvent de découvrir. Îles pratiquement désertes, longues plages de sable blanc et nature luxuriante composent le paysage de ce lieu idyllique. Si les Fidji figurent parmi les destinations balnéaires les plus romantiques, elles sont également un merveilleux terrain de jeu pour les amateurs d'activités nautiques et un paradis pour les plongeurs. Le rythme doux du pays et le sens de l'hospitalité des Fidjiens ne font qu'ajouter au bonheur d'y séjourner. Les traditions culinaires locales traduisent un heureux mélange d'authenticité et d'exotisme, les ingrédients d'une cuisine simple, mais goûteuse.

Jakarta INDONÉSIE — PAPOUASIE-NOUVELLE-GUINÉE
Darwin
Cairns — FIDJI
NOUVELLE-CALÉDONIE
AUSTRALIE
Brisbane — Océan Pacifique
Perth
Adelaïde — Sydney

Jardins d'épices Wainadoi

Les épices sont indissociables de la cuisine des Fidji. Ne manquez pas la visite du jardin Wainadoi, situé au cœur de la forêt tropicale, sur l'île principale de Viti Levu, près de la ville de Suva. Accompagné de guides autochtones, vous apprendrez notamment à utiliser des épices, comme la vanille, le poivre, la noix de muscade, la cannelle, le curcuma, le gingembre et la cardamome dans la cuisine traditionnelle fidjienne. Dans ce véritable jardin d'Éden créé par l'entrepreneur et philanthrope australien Ronald Gatty (fils du célèbre aviateur Harold Gatty), non seulement on cultive des fruits tropicaux, des légumes en tous genres et des herbes, mais également une grande variété de fleurs, dont certaines sont comestibles, des arbres et des arbustes. Découvrez aussi comment utiliser les plantes pour concocter des teintures pour les tissus, des médicaments naturels et des parfums raffinés.

Lovo

Le *lovo*, ou « festin cuit dans la terre », est le plat national fidjien. On le sert dans les grandes occasions, comme les mariages. Pour le préparer, il faut d'abord creuser un trou dans le sol dans lequel on place des coques de noix de coco qu'on allumera avant de les couvrir de pierres chaudes, sur lesquelles on déposera le plat composé de légumes-racines, feuilles de taro, plantes, féculents, viandes et poissons, le tout enveloppé dans des feuilles de bananier. Puis on laisse cuire sous la terre pendant de longues heures.

pour une partie de pêche au crabe dans la boue, puis une leçon impromptue sur la cuisson de ces petites bêtes. Assistez à la préparation du *kakoda*, un plat de poisson *mahi-mahi* cru, finement haché, dans une épaisse *miti*, cette sauce au lait de coco agrémentée d'oignons, de lime et de piments chilis. Plus tard, vous pourrez vous relaxer, vous initier à l'escalade des cocotiers pour en récolter les noix, assister à une course de bernard-l'hermite ou apprendre à cuisiner le *lovo* (voir l'encadré).

Itinéraire gourmand

Jour 1
Nadi – Viseisei – Lautoka – Abaca – Cours de cuisine en famille – Nadi (île de Viti Levu) 85 km

Le sentier qui mène à Lautoka, sur l'île de Viti Levu, longe des plages de sable blanc, des champs de canne à sucre, de spectaculaires cascades et des collines abruptes. Fondé vers les années 1500, le village de Viseisei serait le plus ancien du pays. Sa visite permet d'en apprendre davantage sur l'histoire des Fidji et de mieux comprendre la vie quotidienne de la population locale. Suivez le sentier forestier en tentant de

repérer les plantes sauvages qui sont utilisées en médecine naturelle. Arrêtez-vous ensuite à Abaca pour partager un repas en famille. Découvrez comment cuisiner un plat à base de feuilles de taro, qu'on appelle *rourou*, et le *palusami*, également à base de taro, mais garni de viande et cuit dans de la crème de noix de coco.

Jour 2
Nadi (île de Viti Levu) ⛴ Île de Robinson Crusoé – Vusama – Cours de cuisine sur la plage – Nadi

Prenez le bateau vers l'île de Robinson Crusoé. Visitez l'un des villages les plus anciens du pays, Vusama, situé sur la rivière Tuva, où vous pourrez assister à une cérémonie traditionnelle de *bula*, soit de bienvenue. Rejoignez ensuite l'équipage

Jour 3
Nadi – Navala – Nadi (île de Viti Levu) 140 km

Faites un retour dans le passé au temps où les villageois de Navala vivaient encore dans leur hutte au toit de chaume. Les habitants de cette communauté comptent principalement sur la nature pour subvenir à leurs besoins alimentaires. Ils cultivent légumes et fruits, et se nourrissent aussi de cochons sauvages qui vivent dans la jungle. Dégustez le *nama*, une algue qu'on appelle aussi raisin de mer, récoltée dans les eaux peu profondes et mangée en soupe ou en ragoût. Goûtez aussi les asperges *duruka* – qui sont en fait la fleur non ouverte d'un type de canne à sucre –, les aubergines frites, le manioc, l'igname – un légume-racine ressemblant à la patate douce – et le plantain (*vudi*) au lait de coco.

L'Afrique et l'Océanie gourmandes

Delhi, Inde

Nos collaborateurs,
d'authentiques épicuriens voyageurs...

Ariane Arpin-Delorme

Fondatrice de l'agence de voyages sur mesure Esprit d'Aventure (www.esprit-daventure.com), qui fait des voyages gourmands l'une de ses spécialités, enseignante en techniques de tourisme, coauteure du guide *Le voyage pour les filles qui ont peur de tout*, conférencière et chroniqueuse, Ariane a voyagé dans 65 pays. Elle a notamment réalisé plusieurs projets de coopération internationale visant à enseigner des métiers de la restauration aux enfants et aux femmes de la rue. Elle adore prendre part à des ateliers culinaires, essayer des mets insolites et discuter avec les gens en cuisine afin de connaître les secrets de leurs recettes familiales.

Marie-Eve Blanchard

Profondément amoureuse des mots et de l'ailleurs, Marie-Eve parcourt avec bonheur les villes et les chemins les moins achalandés de la planète et écrit des chroniques dans le domaine du tourisme et du plein air. Elle a aussi participé à la rédaction de nombreux ouvrages, dont le guide Ulysse *Escale à Philadelphie* et le livre *France – 50 itinéraires de rêve*.

Jennifer Doré Dallas

Jennifer est une Montréalaise curieuse, passionnée de voyages et de gastronomie. Rédactrice pigiste dans le domaine du voyage et des technologies numériques, elle écrit notamment pour son blogue *Moi, mes souliers* (www.moimessouliers.org). À l'affût de nouvelles expériences, elle parcourt la planète et partage ses connaissances pour donner envie de partir à ceux qui n'osent pas encore!

Annie Duhamel

Éprise des mots et de tout ce qui accompagne le bonheur de manger, Annie est l'auteure du blogue culinaire *Blog de bouffe* (http://blogdebouffe.com). Depuis toute jeune, elle cultive les expériences de voyage aux quatre coins du monde en s'inspirant des diverses odeurs et saveurs qu'on y trouve pour tracer ses itinéraires. Diplômée en enseignement du français et en journalisme, Annie rédige actuellement son mémoire de maîtrise en communication.

Louise Gaboury

Journaliste spécialisée en tourisme, Louise collabore notamment au quotidien *Le Devoir* et au magazine professionnel *Tourisme Plus*, en plus d'être l'auteure du webzine *Planet Monde* (www.planetmonde.com) et coauteure du guide Ulysse *Escale à Rome*. Sa formation en histoire, son goût pour les arts, la littérature, les traditions populaires et les racines de la gastronomie régionale guident ses pas.

Annie Gilbert

Annie fait partie de l'équipe éditoriale des guides de voyage Ulysse depuis plusieurs années. Native de l'Abitibi, elle aime bien se retrouver sur un lac à pêcher tranquillement, mais aussi parcourir les boutiques branchées de Paris ou New York et fréquenter les bonnes tables de Montréal ou Washington. Elle a notamment contribué à la rédaction des guides Ulysse *Nouvelle-Angleterre*, *Escale à Boston*, *Ouest canadien* et *Escale à Niagara Falls et la Route des vins*.

Véronique Leduc

Véronique parcourt le monde pour le plaisir et le boulot depuis une dizaine d'années et publie en tourisme et gastronomie dans plusieurs médias. Elle a cofondé le magazine *Caribou*, qui porte sur la culture culinaire québécoise, a fait partie du collectif d'auteurs du livre *Testé et Approuvé : Le Québec en plus de 100 expériences extraordinaires* et a signé *Épatante patate*, un beau-livre sur la pomme de terre du Québec et sa surprenante histoire.

Sarah Meublat

Journaliste voyageuse et gourmande, Sarah vit maintenant à Montréal. Lorsqu'elle ne sillonne pas sa ville d'adoption, c'est dans sa France natale qu'elle laisse ses cinq sens l'émerveiller. Elle est l'auteure du guide Ulysse *Explorez Marseille et la Provence*, une ode à ce Sud où les parfums de thym et de lavande, les saveurs de tapenade et de ratatouille, et les rires d'enfants autour de l'apéro forgent l'art de vivre.

Claude Morneau

À l'origine de la création des Guides de voyage Ulysse, Claude occupe aujourd'hui la fonction de vice-président – éditions chez Ulysse, où il travaille depuis près de 30 ans. Il voyage en Martinique et écrit sur cette île des Antilles depuis 1993. Il est l'auteur de plusieurs guides, dont *Explorez la Martinique* et *Escale à Venise*.

Frédérique Sauvée

Jamais loin de sa valise, Frédérique parcourt le monde à la recherche de destinations et de reportages inspirants, tout particulièrement l'Amérique du Nord, son continent d'adoption, qu'elle sillonne de long en large. Elle signe pour divers médias des reportages et chroniques dans les domaines du plein air, des voyages et de l'art de vivre (gastronomie, bien-être, hébergement) et est l'auteure du guide Ulysse *Escale à La Nouvelle-Orléans*.

Vincent Vichit-Vadakan

Après une carrière dans l'édition à Paris et à Londres, Vincent décide de se consacrer entièrement à l'écriture, aux voyages et à la cuisine. Aujourd'hui basé à Bangkok, il écrit pour des magazines de bord, des quotidiens, des revues culinaires et des sites Internet. Il est également auteur et coauteur de guides.

Crédits photographiques *Par ordre d'apparition, de gauche à droite et de haut en bas*

Page 1 Vallée du Douro, Portugal © iStockphoto.com/LuisPortugal, Sushis, Japon © iStockphoto.com/RichLegg, Piments, Inde © iStockphoto.com/Bartosz Hadyniak, Marrakech, Maroc © iStockphoto.com/Pavliha, *Taverna*, Grèce © iStockphoto.com/Anna_Jedynak • Page 3 © iStockphoto.com/sylwia kaniakk • Page 6 © iStockphoto.com/grandriver • Pages 8-9 © iStockphoto.com/Shaiith • 1 Entre mer et montagnes, au Pays basque espagnol © iStockphoto.com/Leonid Andronov, © iStockphoto.com/Txiriguili, © Ariane Arpin-Delorme, © iStockphoto.com/MarioGuti, © iStockphoto.com/Mimadeo, © iStockphoto.com/Mimadeo, © Ariane Arpin-Delorme, © iStockphoto.com/Salima Senyavskaya • 2 Le trésor espagnol, de l'architecture à l'assiette © iStockphoto.com/MarquesPhotography, © iStockphoto.com/Floortje, © iStockphoto.com/nito100, © iStockphoto.com/rramirez125, © iStockphoto.com/MasterLu, © iStockphoto.com/Deejpilot, © iStockphoto.com/stocknshares, © iStockphoto.com/alxpin, © iStockphoto.com/Lisovskaya, © iStockphoto.com/Neonyn, • 3 Le vignoble bordelais au fil de l'eau © iStockphoto.com/SergiyN, © iStockphoto.com/Cloud-Mine-Amsterdam, © Dreamstime.com/Freeprod, © Dreamstime.com/Richard Semik, © Dreamstime.com/Rafael Laguillo, © iStockphoto.com/arousa, © iStockphoto.com/JacquesPALUT, © iStockphoto.com/marcociannarel, • 4 La Normandie et le nord de la France, une histoire de gourmandises © iStockphoto.com/dvoevnore, © iStockphoto.com/STUDIOGRANDOUEST, © iStockphoto.com/JPC-PROD, © iStockphoto.com/peresanz, © Dreamstime.com/Jackmalipan, © iStockphoto.com/pp76, © Flickr.com/Frédéric BISSON, © iStockphoto.com/Perszing1982, • 5 Des bouchons de Lyon aux cafés de Marseille © iStockphoto.com/SergiyN, © iStockphoto.com/ecobo, © iStockphoto.com/darioracane, © iStockphoto.com/Nanna Kirkegård Olesen, © commons.wikimedia.org/Anca Luca, © iStockphoto.com/yasuhiroamano, © iStockphoto.com/Pawel Gaul, © iStockphoto.com/EzumeImages, © iStockphoto.com/kavram, • 6 La Corse entre circuits et cochonnailles © iStockphoto.com/Freeartist, © iStockphoto.com/mammuthone, © iStockphoto.com/x-posure, © iStockphoto.com/Gwenvidig, © iStockphoto.com/twmedia, © iStockphoto.com/LuckyTD, © Flickr.com/Shutter_Lover, © iStockphoto.com/Evgeny Sergeev, • 7 La Toscane, au rythme des saveurs italiennes © iStockphoto.com/YinYang, © iStockphoto.com/Kate Hayes, © iStockphoto.com/eZeePics Studio, © iStockphoto.com/agsl10, © iStockphoto.com/Csondy, © iStockphoto.com/Freeartist, © iStockphoto.com/claudiodivizia, © iStockphoto.com/Quanthem, © iStockphoto.com/FrankvandenBergh, • 8 L'Italie du Nord, abondance et *dolce vita*! © iStockphoto.com/zorazhuang, © iStockphoto.com/Giacomomo, © iStockphoto.com/:tenzinsherab, © iStockphoto.com/Marc_Espolet, © iStockphoto.com/piccerella, © iStockphoto.com/Kuvona, © iStockphoto.com/Freeartist, © Dreamstime.com/Olga Lupol, • 9 La Sicile, entre vignobles, passé gréco-romain et influences arabes © iStockphoto.com/CJ_Romas, © Flickr.com/Davide D'Amico, © iStockphoto.com/ilmoro100, © iStockphoto.com/JannHuizenga, © iStockphoto.com/ilmoro100, © iStockphoto.com/Xantana, © iStockphoto.com/yulia-bogdanova, © iStockphoto.com/MartinM303, • 10 Lisbonne et Porto : vins, portos et saveurs de la mer © iStockphoto.com/dennisvdw, © iStockphoto.com/jackmalipan, © iStockphoto.com/HaizhanZheng, © iStockphoto.com/viennetta, © iStockphoto.com/tom-ster, © iStockphoto.com/pkazmierczak, © iStockphoto.com/Tiago_Fernandez, © iStockphoto.com/vuk8691, © iStockphoto.com/THEGIFT777, • 11 Saveurs des îles grecques © iStockphoto.com/Madzia71, © iStockphoto.com/Simon Parker, © iStockphoto.com/Rex_Wholster, © iStockphoto.com/Kursad, © iStockphoto.com/Tramont_ana, © iStockphoto.com/STUDIOVD.GR, © iStockphoto.com/Sokorevaphoto, © iStockphoto.com/ilbusca, © iStockphoto.com/Matjaz Boncina, • 12 Pub, panure, poisson et plaisirs irlandais © iStockphoto.com/Bart_Kowski, © Flickr.com/William Murphy, © iStockphoto.com/Noctiluxx • Pages 56-57 © iStockphoto.com/manjik • 13 Hong Kong et Macao : du « port des senteurs » à l'« enfer du jeu » © iStockphoto.com/simonbradfield, © iStockphoto.com/EarnestTse, © iStockphoto.com/fazon1, © iStockphoto.com/LauriPatterson, © iStockphoto.com/Biminator, © iStockphoto.com/SeanPavonePhoto, © iStockphoto.com/martinhosmart, © iStockphoto.com/Kit_Leong • 14 Le panier à riz du Vietnam © iStockphoto.com/holgs, © iStockphoto.com/Bartosz Hadyniak, © Flickr.com/Loi Nguyen Duc, © iStockphoto.com/elmvilla, © Flickr.com/Paul Arps, © iStockphoto.com/nicolesy, © iStockphoto.com/hoangtran7ice, • 15 Arts et saveurs du nord du Vietnam © Dreamstime.com/Chrishowey, © iStockphoto.com/BeyondImages, © iStockphoto.com/pakorn lopattanakij, © iStockphoto.com/hadynyah, © iStockphoto.com/Chaiyaporn1144, © iStockphoto.com/vinhdav, © iStockphoto.com/xuanhuongho, © iStockphoto.com/OldCatPhoto, • 16 Au pays des épices : dans le garde-manger du nord de l'Inde © iStockphoto.com/hadynyah, © Flickr.com/Daniel Wabyick, © iStockphoto.com/reddees, © iStockphoto.com/YURY TARANIK, © iStockphoto.com/hadynyah, © iStockphoto.com/hadynyah, © iStockphoto.com/hadynyah, • 17 Le Japon de la tradition et de la modernité © iStockphoto.com/davidf, © iStockphoto.com/Nikada, © iStockphoto.com/ookawaphoto, © iStockphoto.com/Sivapon, © iStockphoto.com/Matt Leung, © iStockphoto.com/alvarez, © iStockphoto.com/oluolu3, © iStockphoto.com/ES3N, © iStockphoto.com/fotoVoyager, • 18 La perle de l'Orient : le bouillon de culture de la Malaisie © iStockphoto.com/sinseeho, © iStockphoto.com/DuncanL, © iStockphoto.com/Jordanlye, © Flickr.com/IQRemix, © Flickr.com/Phalinn Ooi, © iStockphoto.com/kjekol, © iStockphoto.com/Byelikova_Oksana, © iStockphoto.com/Jordanlye, • 19 Le kaléidoscope culturel de Singapour © iStockphoto.com/TommL, © iStockphoto.com/LiloFilo, © Dreamstime.com/Kondoruk, © iStockphoto.com/MasterLu, © iStockphoto.com/holgs, © iStockphoto.com/urf, © iStockphoto.com/SamuelBrownNG, © iStockphoto.com/fotoVoyager, © iStockphoto.com/Twomeows_IS, © iStockphoto.com/imagean, • 20 Sourires de Thaïlande © iStockphoto.com/SAHACHAT, © iStockphoto.com/santiphotois, © iStockphoto.com/thawatpong, © iStockphoto.com/9859873_183, © Richard Saindon, © iStockphoto.com/AlexPro9500, © Dreamstime.com/Nantarpat Surasingthothong, © iStockphoto.com/Mickey_55, • 21 La cuisine des dieux en Indonésie © iStockphoto.com/pigprox, © iStockphoto.com/triocean, © iStockphoto.com/lifehouseimage, © iStockphoto.com/miniloc, © iStockphoto.com/MielPhotos2008, © iStockphoto.com/Camille_Massida, © Flickr.com/riNux • 22 Chine : la folie des grandeurs © iStockphoto.com/tupikov, © iStockphoto.com/bo1982, © iStockphoto.com/XiXinXing, © iStockphoto.com/YinYang, © Dreamstime.com/Beercates , © iStockphoto.com/pidjoe, © iStockphoto.com/Hung_Chung_Chih, © iStockphoto.com/DigiPubFlickr, © iStockphoto.com/real444, • 23 Attachant Laos © iStockphoto.com/pigphoto, © iStockphoto.com/naes, © iStockphoto.com/uba-foto, © Flickr.com/Michael Cory, © Flickr.com/Nick Hubbard, © iStockphoto.com/leezsnow, © iStockphoto.com/urf, © iStockphoto.com/rmnunes, • 24 Secrets du Cambodge © Flickr.com/Allie_Caulfield, © iStockphoto.com/Quaser, © iStockphoto.com/hadynyah, © iStockphoto.com/kjorgen, © iStockphoto.com/tbradford, © iStockphoto.com/SamAntonioPhotography, © iStockphoto.com/sitriel, © iStockphoto.com/Lugaaa, © iStockphoto.com/VladyslavDanilin • 25 Le Sri Lanka, perle de l'océan Indien © iStockphoto.com/bugphai, © iStockphoto.com/alxpin, © iStockphoto.com/efesenko, © iStockphoto.com/DipakShelare, © iStockphoto.com/dzika_mrowka, © iStockphoto.com/peoplesphotos, © iStockphoto.com/Maxlevoyou, © iStockphoto.com/helovi, © iStockphoto.com/chuvipro • 26 Israël, 5000 ans d'histoire gastronomique © iStockphoto.com/maratr, © iStockphoto.com/PhotoGeo7, © Dreamstime.com/Edward Karaa, © iStockphoto.com/chameleonseye, © iStockphoto.com/RonyZmiri, © iStockphoto.com/kirill4mula, © iStockphoto.com/efesenko, © iStockphoto.com/kavram • Pages 114-115 © iStockphoto.com/EAQ • 27 La péninsule du Niagara : des vins venus du froid © iStockphoto.com/ihoe, © iStockphoto.com/genesiscreativeservices, © Flickr.com/Megan Cole, © iStockphoto.com/jimfeng, © iStockphoto.com/ZU_09, © iStockphoto.com/va103, © Flickr.com/Glen MacLarty, © iStockphoto.com/Pgiam • 28 Prendre la route à la découverte des saveurs québécoises © iStockphoto.com/krblokhin, © Flickr.com/snowpea&bokchoi, © iStockphoto.com/buzzanimation, © Véronique Leduc, © iStockphoto.com/Benoitle5, © Flickr.com/Mélanie Plante, © Véronique Leduc, © iStockphoto.com/Instants • 29 Découvrir les vins de la vallée de l'Okanagan © iStockphoto.com/laughingmango, © iStockphoto.com/laughingmango, © Flickr.com/Mack Male • 30 New York : des créations culinaires toujours en vogue © iStockphoto.com/Alija, © iStockphoto.com/mizoula, © iStockphoto.com/CWilliamsNYC, © iStockphoto.com/JohnMann, © iStockphoto.com/fotopitu, © iStockphoto.com/chas53, © iStockphoto.com/archmercigod, © Flickr.com/Matt Biddulph, © iStockphoto.com/ Predrag Vuckovic • 31 La Nouvelle-Orléans : *po'boy, jambalaya* et autres délices © iStockphoto.com/franckreporter, © iStockphoto.com/mphillips007, © iStockphoto.com/bhofack2 • 32 Plaisirs côtiers de la Nouvelle-Angleterre © iStockphoto.com/AppalachianViews, © iStockphoto.com/wsmahar, © iStockphoto.com/DenisTangneyJr, © iStockphoto.com/sbossert, © iStockphoto.com/valery_green, © commons.wikimedia.org/Captain-tucker, © iStockphoto.com/SOMATUSCANI, © iStockphoto.com/DenisTangneyJr • 33 La Côte Ouest américaine, un duo terre et mer saisissant! © iStockphoto.com/lucentius, © Flickr.com/Parker Knight, © iStockphoto.com/Roxiller, © Dreamstime.com/Sergeevspb , © iStockphoto.com/nickrlake, © iStockphoto.com/CampPhoto, © iStockphoto.com/ejs9, © Flickr.com/Jessica Paterson, © iStockphoto.com/erics11 • 34 L'Argentine, de la coupe à l'assiette! © iStockphoto.com/Sloot, © iStockphoto.com/fotoember, © iStockphoto.com/patrickds, © iStockphoto.com/TasiPas, © iStockphoto.com/piccaya, © iStockphoto.com/scalatore1959, © Flickr.com/Paul Keller, © iStockphoto.com/Proformabooks, © iStockphoto.com/Skouatroulio • 35 L'authenticité bolivienne au cœur des traditions © iStockphoto.com/Subbotsky, © Flickr.com/Alejandro Lopez, © Flickr.com/Madeleine Deacon, © iStockphoto.com/rchphoto, © iStockphoto.com/PytyCzech, © iStockphoto.com/DC_Colombia, © iStockphoto.com/Aleksandr_Vorobev, © iStockphoto.com/Aleksandr_Vorobev, © iStockphoto.com/cicloco • 36 Le Pérou, traditions gastronomiques ancestrales © iStockphoto.com/hadynyah, © iStockphoto.com/stbaus7, © iStockphoto.com/pickypalla, © iStockphoto.com/Gerardo_Borbolla, © iStockphoto.com/Juanmonino, © iStockphoto.com/IlonaBudzbon, © iStockphoto.com/viennetta, © iStockphoto.com/worklater1, © iStockphoto.com/saiko3p • 37 Univers aztèque et *cocina oaxaqueña*, en fusion depuis des siècles © iStockphoto.com/Siempreverde22, © commons.wikimedia.org/P.Fossas, © iStockphoto.com/shakzu, © iStockphoto.com/Esdelval, © iStockphoto.com/mofles, © iStockphoto.com/Chicchan, © Flickr.com/Mandy, © Flickr.com/Enrique Vázquez, © Flickr.com/Carlos Reusser Monsalvez, © Flickr.com/Matt Borden • 38 Cuisine yucatèque et monde maya © iStockphoto.com/palino79sk, © iStockphoto.com/Juanmonino, © iStockphoto.com/compassandcamera, © iStockphoto.com/Myroslava, © iStockphoto.com/Coast-to-Coast, © iStockphoto.com/mofles, © iStockphoto.com/compassandcamera, © Flickr.com/ Gildardo Sánchez, © iStockphoto.com/jjpoole, © iStockphoto.com/Instants • 39 Du vin et des sources chaudes : un voyage épicurien au Chili © iStockphoto.com/nonimatge, © iStockphoto.com/annaorl, © iStockphoto.com/IHervas, © Flickr.com/Tjeerd Wiersma, © Flickr.com/Beatrice Murch, © iStockphoto.com/LarisaBlinova, © iStockphoto.com/MaydeGood, © Flickr.com/Pablo Trincado, © iStockphoto.com/Onfokus • 40 Cacao, légumes et fruits exotiques au pied des géants d'Équateur © iStockphoto.com/Ocs_12, © iStockphoto.com/pxhidalgo, © iStockphoto.com/AlanFalcony, © commons.wikimedia.org/J. Miers, © Flickr.com/ Ministerio de Turismo Ecuador, © iStockphoto.com/boonsom, © iStockphoto.com/Kseniya Ragozina • 41 Rhum et saveurs créoles en Martinique © iStockphoto.com/gydyt0jas, © Flickr.com/Gaël Chardon, © iStockphoto.com/Marc Bruxelle • 42 Le Costa Rica et sa délicieuse *Pura Vida* © iStockphoto.com/MalgorzataDrewniak, © iStockphoto.com/Zocha_K, © iStockphoto.com/tzooka, © iStockphoto.com/Arnoldophoto, © iStockphoto.com/Jarib, © iStockphoto.com/CampPhoto, © iStockphoto.com/Camrocker, © iStockphoto.com/Miriam2009, © iStockphoto.com/rmanera, © iStockphoto.com/Thomas Ramsauer • Pages 174-175 © iStockphoto.com/SeppFriedhuber • 43 Des souks à l'Atlas : mystères du Maroc © iStockphoto.com/Pavliha, © iStockphoto.com/monticelllo, © iStockphoto.com/Dreamer4787, © iStockphoto.com/mariusz_prusaczyk, © iStockphoto.com/pixelpot, © iStockphoto.com/hadynyah, © iStockphoto.com/mirrorr, © iStockphoto.com/uchar • 44 Sur la route des jardins en Afrique du Sud © iStockphoto.com/RapidEye, © iStockphoto.com/FrankvandenBergh, © iStockphoto.com/espiegle, © iStockphoto.com/holgs, © iStockphoto.com/Juanmonino, © iStockphoto.com/Casperry, © iStockphoto.com/Dominiquedelacroix, © iStockphoto.com/tropicalpixsingapore • 45 Madagascar, sur la route des baobabs © iStockphoto.com/dennisvdw, © iStockphoto.com/gaelgogo, © iStockphoto.com/gaelgogo, © iStockphoto.com/Juerg Schmidlin, © iStockphoto.com/pierivb, © iStockphoto.com/Mazerand, © iStockphoto.com/sgar80, © iStockphoto.com/pierivb, © iStockphoto.com/hugy • 46 *Karibu*, bienvenue au Kenya! © iStockphoto.com/hadynyah, © iStockphoto.com/niknix, © iStockphoto.com/1001slide, © iStockphoto.com/RicInVenice, © iStockphoto.com/EunikaSopotnicka, © iStockphoto.com/Bartosz Hadyniak, © iStockphoto.com/FernandoQuevedo, © iStockphoto.com/EunikaSopotnicka, © iStockphoto.com/Kyslynskyy • 47 Le Rwanda, pays des mille collines © iStockphoto.com/guenterguni, © iStockphoto.com/USO, © commons.wikimedia.org/Krugen • 48 Australie : vignobles italiens et culture du café © iStockphoto.com/FiledIMAGE, © iStockphoto.com/GMVozd, © Dreamstime.com/Ondrejgaraj, © Flickr.com/Pawel Loj, © Dreamstime.com/Tero Hakala, © iStockphoto.com/kokkai, © Flickr.com/Rupert Goldie, © iStockphoto.com/FiledIMAGE • 49 À vélo dans les vignobles de la Nouvelle-Zélande © iStockphoto.com/J_Knaupe, © iStockphoto.com/Tutye, © iStockphoto.com/m-kojot Fidji, paradis perdu du Pacifique • 50 Fidji, paradis perdu du Pacifique © iStockphoto.com/Mlenny, © iStockphoto.com/chameleonseye • Page 202 © iStockphoto.com/hadynyah • Page 205 © iStockphoto.com/wisan224 • Pages 206-207 © iStockphoto.com/pidjoe • Page 208 © iStockphoto.com/Santorines.

Chiang Mai, Thaïlande

Index

Chine

Santorin, Grèce